Ma découverte de l'Angleterre

Stéphane Leacock

Writat

Cette édition parue en 2024

ISBN : 9789359947099

Publié par
Writat
email : info@writat.com

Contenu

Introduction de M. Stephen Leacock donnée par Sir Owen Seaman à l'occasion de sa première conférence à Londres

Mesdames et messieurs : Il est habituel dans ces occasions que le président commence quelque chose comme ceci : « Le conférencier, j'en suis sûr, n'a pas besoin d'être présenté de ma part. Et en effet, lorsque j'étais le conférencier et que quelqu'un d'autre en était le président, je me suis plus d'une fois soupçonné d'être le meilleur des deux. Bien sûr, j'espère que je devrais toujours avoir les bonnes manières — et je suis sûr que M. Leacock l'a fait — pour dissimuler ces soupçons. Il faut cependant accomplir ces formalités et je vais donc vous présenter le conférencier.

Mesdames et messieurs, voici M. Stephen Leacock. Monsieur Leacock, c'est la fleur du renseignement londonien – ou peut-être devrais-je dire l'une des fleurs ; les autres viennent à vos autres conférences.

Dans la vie sociale ordinaire, on s'arrête à une introduction et on ne passe pas aux détails personnels. Mais les comportements sur l'estrade comme sur scène sont rarement ordinaires. Je vais donc vous parler de M. Leacock. D'abord, par vocation, il est professeur d'économie politique, et il pratique l'humour – fiction frénétique au lieu de finance frénétique – à titre récréatif. Là, il diffère beaucoup de moi, qui dois étudier les produits de l'humour pour gagner ma vie et, en guise de récréation, lire M. Leacock sur l'économie politique.

De plus, M. Leacock est entièrement britannique, étant anglais de naissance et canadien de résidence. Je le mentionne pour deux raisons : premièrement, parce que l'Angleterre et l'Empire sont très fiers de le revendiquer pour eux-mêmes, et, deuxièmement, parce que je le fais. ne souhaite pas que sa nationalité soit confondue avec celle de ses voisins d'en face. Car les humoristes anglais et américains ne sont pas toujours d'accord. Quand nous n'apprécions pas leur humour, ils disent que nous sommes trop ennuyeux et trop fades pour le comprendre : et quand ils n'apprécient pas le nôtre, ils disent que nous n'en avons pas.

Or, l'humour de M. Leacock est héréditairement britannique ; mais il a capté quelque chose de l'esprit de l'humour américain par la force de l'association. Cela le met dans une situation similaire à celle dans laquelle je me suis trouvé une fois lorsque j'ai pris la liberté de traverser à la nage un assez grand loch en Écosse. Après être monté dans le bateau, j'étais en train de me sécher lorsque je fus abordé par le propriétaire de l'hôtel adjacent au rivage. "Vous n'avez rien à faire ici", a-t-il crié. "Je ne le suis pas", dis-je; "Je me baigne de l'autre côté." De la même manière, si quelqu'un d'un côté ou de l'autre de l'eau est assez inintelligent pour critiquer l'humour de M. Leacock, il pourra toujours dire que cela vient de l'autre côté. Mais la vérité est que son humour contient tout ce qu'il y a de meilleur dans l'humour des deux hémisphères.

Ayant rempli mon devoir de président, en ce sens que je ne vous ai rien dit que vous ne saviez auparavant, sauf peut-être mon exploit de natation, qui n'a jamais été publié dans la presse parce que j'ai un très mauvais agent de publicité, je ne vous retiendrai plus longtemps. de ce à quoi vous voulez vraiment arriver ; mais demandez à M. Leacock de commencer immédiatement sa conférence sur la « Fiction frénétique ».

I.
La balance commerciale en impressions

Depuis quelques années, une marée montante de conférenciers et d'hommes de lettres venus d'Angleterre déferle sur les côtes de notre continent nord-américain. Le but de chacun d'eux est de faire une nouvelle découverte de l'Amérique. Ils viennent chez nous en voyageant avec une grande simplicité, et ils reviennent dans la suite ducale de l'Aquitaine. Ils emportent avec eux leurs impressions de l'Amérique et, lorsqu'ils arrivent en Angleterre, ils les vendent. Cette exportation d'impressions dure maintenant depuis si longtemps que la balance commerciale des impressions est entièrement perturbée. Il ne fait aucun doute que les Américains et les Canadiens ont été trop généreux en donnant leurs impressions. Nous les émettons avec la facilité insouciante d'un ver luisant et, comme le ver luisant, ne demandons rien en retour.

Mais ce trafic irrégulier et unilatéral a pris aujourd'hui des proportions si grandes que nous sommes obligés de nous demander s'il est juste de permettre à ces gens de nous emporter des impressions de la plus haute valeur commerciale sans nous verser la moindre compensation pécuniaire. Il est arrivé que des conférenciers britanniques atterrissent à New York, passent la douane, se rendent en ville dans un taxi fermé, puis rejoignent l'Angleterre depuis le taxi fermé lui-même pour dix dollars d'impressions du caractère national américain. J'ai moi-même vu un homme de lettres anglais, le plus grand, je crois : il en avait au moins l'apparence ; s'asseoir dans le couloir d'un hôtel branché de New York et regarder d'un air sombre son chapeau, puis, de son chapeau même, produire une estimation du génie américain à vingt cents le mot. La belle question de savoir à qui appartenaient ces vingt cents ne semble jamais lui être venue à l'esprit.

Je n'écris pas dans le moindre esprit de jalousie. J'admets tout à fait l'extraordinaire capacité qu'implique cette susceptibilité particulière aux impressions. J'ai estimé que certains de ces visiteurs anglais ont pu recevoir des impressions à raison de quatre à la seconde ; en fait, ils semblent les obtenir chaque fois qu'ils voient vingt cents. Mais sans jalousie ni plainte, j'ai le sentiment que, d'une manière ou d'une autre, ces impressions sont inadéquates et ne parviennent pas à nous décrire tels que nous sommes réellement.

Permettez-moi d'illustrer ce que je veux dire. Voici quelques-unes des impressions de New York, recueillies à partir des découvertes de l'Amérique par les visiteurs, et reproduites peut-être pas mot pour mot mais aussi fidèlement que je puisse m'en souvenir. « New York », écrit l'un d'eux, « nichée au pied de l'Hudson, m'a donné une impression de convivialité, de petite grâce : bref, de petitesse ». Mais comparez ceci : « New York », selon un autre découvreur de l'Amérique, « m'a donné une impression de taille, d'immensité ; il semblait y avoir une grandeur qu'on ne trouve pas dans des endroits plus petits ». Un troisième visiteur écrit : « New York m'a semblé dur, cruel, presque inhumain. » Je pense que c'était parce que son chauffeur de taxi lui avait facturé trois dollars. "La première chose qui m'a frappé à New York", écrit un autre, "c'est la Statue de la Liberté". Mais après tout, c'était tout naturel : c'était la première chose qui pouvait l'atteindre.

Ce ne sont pas seulement les impressions de la métropole qui semblent en deçà de la réalité. Permettez-moi d'en citer quelques autres pris au hasard ici et là à travers le continent.

« J'ai retiré de Pittsburg, dit un visiteur anglais, une impression de quelque chose que je pouvais difficilement définir : une atmosphère plutôt qu'une idée.

Très bien, mais après tout, avait-il le droit de le prendre ? Certes, Pittsburg a une atmosphère plutôt qu'une idée, la tentative d'emporter cette atmosphère frise sûrement la rapacité.

« La Nouvelle-Orléans, écrit un autre visiteur, m'a ouvert les bras et m'a accordé le doux et langoureux baiser des Caraïbes ». Cette affirmation peut être vraie ou non ; mais en tout cas, il ne semble pas juste de le mentionner.

"Chicago", selon un autre livre de découvertes, "m'a frappé comme une grande ville. Située telle qu'elle est et là où elle se trouve, elle semble destinée à être un lieu d'importance".

Ou encore, il y a une forme d'« impression » qui revient sans cesse : « À Cleveland, j'ai ressenti une nette note d'optimisme dans l'air. »

Cette même note d'optimisme se retrouve aussi à Tolède, à Toronto ; bref, je crois qu'elle n'indique rien d'autre que quelqu'un a offert un cigare au visiteur. En effet, cela se produit généralement lors de la scène familière dans laquelle le visiteur décrit son accueil cordial dans une ville américaine sans méfiance : ainsi :

"J'ai été accueilli à la gare (appelée en Amérique le dépôt) par un membre du conseil municipal conduisant sa propre automobile. Après m'avoir offert un excellent cigare, il m'a conduit à travers la ville, vers divers points d'intérêt, notamment l'abattoir municipal, où il m'a offert un autre excellent cigare, la bibliothèque publique Carnegie, la First National Bank (dont le courtois directeur m'a offert un excellent cigare) et la Second Congregational Church où j'ai eu le plaisir de rencontrer le pasteur. , qui paraissait un homme d'envergure et de culture, m'offrit un autre cigare. Le soir, un dîner admirablement cuisiné et excellemment servi me fut offert dans un grand hôtel. Et bien sûr, il l'a pris. Après quoi sa déclaration selon laquelle il avait emporté de la ville un sentiment d'optimisme s'explique : il avait quatre cigares, le dîner et une demi-page d'impressions à vingt cents le mot.

Ce n'est pas non plus seulement par le vol d'impressions que nous souffrons aux mains de ces découvreurs anglais de l'Amérique. C'est également une partie du système que nous devons nous soumettre aux leçons de nos talentueux visiteurs. Il est maintenant bien entendu que dès qu'un écrivain anglais termine un livre, il est précipité en Amérique pour raconter tout ce qu'il a fait aux peuples des États-Unis et du Canada et comment il en est venu à l'écrire. Chez lui, dans son propre pays, ils ne se soucient pas de savoir comment il en est arrivé à l'écrire. Il l'a écrit et ça suffit. Mais en Amérique, c'est différent. Un mois après la parution à Londres du livre de l'éminent auteur sur L'Enfance de Botticelli, on le voit atterrir à New York très tranquillement par l'un des hublots arrière de l'Olympic. Le même après-midi, vous le retrouverez dans un fauteuil d'un des grands hôtels en train de donner des impressions de l'Amérique à un groupe de journalistes. Après quoi, des avis paraissent dans tous les journaux indiquant qu'il donnera une conférence à Carnegie Hall sur « Botticelli le garçon ». Le public est assuré d'avance. Il s'agit de tous les gens qui sentent qu'ils doivent partir parce qu'ils savent tout sur Botticelli et de tous ceux qui sentent qu'ils doivent partir parce qu'ils ne savent rien de Botticelli. Le conférencier peut ainsi parcourir tout le pays, de Montréal à San Francisco, avec "Botticelli the Boy". Puis il se retourne, qualifie sa conférence de « Botticelli l'Homme » et reprend tout cela à nouveau. Tout au long du continent et retour, il émet des impressions, des estimations du caractère national et des enquêtes sur le génie américain. Il quitte New York dans un tourbillon de publicité, entouré de son cordon de journalistes, et publie un mois plus tard son livre "L'Amérique telle que je l'ai vue". Il est largement lu – en Amérique.

Au fil du temps, cet état de choses a suscité un sentiment très considérable dans l'opinion publique aux États-Unis et au Canada. Le manque de réciprocité semblait injuste. On sentait (ou du moins je sentais) que le moment était venu où quelqu'un devrait aller prendre quelques impressions en Angleterre. Le choix d'une telle personne (mon choix) m'appartenait. Par un arrangement avec la Geographical Society of America, agissant en collaboration avec la Royal Geographical Society of England (à toutes deux à qui j'ai fait part de ma proposition), j'y suis allé à mes propres frais.

Il est difficilement possible de donner ici des détails complets sur mon équipement et mon équipement, bien que j'espère le faire dans un récit ultérieur et plus approfondi de mon expédition. Il suffit de dire que ma tenue, calquée sur l'équipement des professeurs d'anglais en Amérique, comprenait un ensemble complet, une chemise habillée pour enseigner, un stylo-plume et un chapeau en soie. La chemise habillée, je peux dire pour le bénéfice des autres voyageurs, s'est avérée d'une valeur inestimable. Le chapeau de soie, cependant, n'est plus utilisé en Angleterre, sauf peut-être pour y brouiller les œufs.

Je passe sous silence les détails de mon agréable voyage de New York à Liverpool. Au cours des cinquante dernières années, tant de voyageurs ont traversé l'Atlantique qu'il est désormais impossible d'obtenir de l'océan des impressions ayant la moindre valeur commerciale. Mes lecteurs se souviendront que Washington Irving, il y a un siècle, racontait le plaisir que l'on ressentait lors d'un voyage dans l'Atlantique dans des rêves éveillés, allongé sur le ventre sur le beaupré et regardant les dauphins sauter dans l'écume cristalline. Depuis lors, tant d'écrivains talentueux ont tenté de faire la même chose en supprimant le bout-dehors des grands paquebots de l'Atlantique, ou en tout cas en apposant un avis : "Les auteurs sont priés de ne pas se prosterner sur le bout-dehors". Mais même sans cet avantage, trois ou quatre générations d'écrivains ont relaté avec une grande minutie leurs sensations pendant le transit. Je dois seulement dire que mes sensations étaient aussi bonnes que les leurs. Je me contenterai de raconter que pendant le voyage nous avons croisé deux dauphins, une baleine et un iceberg (aucun d'eux n'avançant très vite à ce moment-là), et que le quatrième jour de sortie, la mer était si agitée que le capitaine a dit qu'en quarante ans il n'avait jamais vu un temps pareil. L'un des passagers de direction, nous a-t-on dit, a en fait été rejeté par-dessus bord : je pense que c'est par-dessus bord qu'il a été lavé, mais c'était peut-être à bord du navire lui-même.

Je passe également sous silence les incidents de mon débarquement à Liverpool, sauf peut-être pour commenter le comportement extraordinaire des douaniers anglais. Sans vouloir en aucune manière perturber les relations internationales, on ne peut s'empêcher de remarquer les méthodes rudes et inquisitoriales des douaniers anglais comparées aux manières douces et affectueuses des fonctionnaires américains à New York. Les deux malles que j'avais apportées avec moi ont été traînées brutalement dans un hangar ouvert, la sangle de l'une d'elles était grossièrement débouclée, tandis que le couvercle de l'autre était en fait soulevé d'au moins quatre pouces. Les malles furent alors grossièrement griffonnées à la craie, les couvercles claqués, et c'était tout. Aucun des fonctionnaires ne semblait se soucier de regarder mes affaires ou avoir la politesse de faire semblant de le vouloir. J'avais disposé mon tailleur et mon pyjama de manière à en faire une présentation la plus efficace possible : un douanier new-yorkais en aurait été ravi. Ici, ils l'ont simplement ignoré. "Ouvrez ce coffre", ai-je demandé à l'un des fonctionnaires, "et voyez mon pyjama." "Je ne pense pas que ce soit nécessaire, monsieur", répondit l'homme. Il y avait là une froideur qui me coupa au vif.

Mais si mauvaise soit la conduite des douaniers anglais, celle des agents de l'immigration est encore pire. Je n'ai pu m'empêcher d'être frappé par la terrible insouciance avec laquelle les gens sont admis en Angleterre. Il existe, il est vrai, un groupe de fonctionnaires que l'on dit chargés de l'immigration, mais ils ne connaissent pas les soins discriminatoires exercés outre-Atlantique.

"Voulez-vous savoir", ai-je demandé à l'un d'eux, "si je suis polygame ?"

"Non, monsieur," dit-il très doucement.

"Voulez-vous que je vous dise si je suis fondamentalement opposé à tout système de gouvernement ?"

L'homme semblait perplexe. "Non, monsieur," dit-il. "Je ne sais pas si je le ferais."

"Tu t'en fous ?" J'ai demandé.

"Eh bien, pas particulièrement, monsieur," répondit-il.

J'étais déterminé à le sortir de sa léthargie.

« Laissez-moi donc vous dire, dis-je, que je suis un polygame anarchiste, que je suis opposé à toute forme de gouvernement, que je m'oppose à toute sorte de religion révélée, que je considère l'État, la propriété et le mariage comme des choses. la simple tyrannie de la bourgeoisie, et que je veux voir la haine de classe poussée jusqu'au point où elle force tout le monde à l'amour fraternel. Maintenant, est-ce que j'y entre ?

Le fonctionnaire parut perplexe pendant une minute. "Vous n'êtes pas irlandais, n'est-ce pas, monsieur ?" il a dit.

"Non."

"Alors je pense que tu peux entrer, d'accord." il a répondu.

Le voyage de Liverpool à Londres, comme tous les autres voyages anglais, est court. Cela est dû au fait que l'Angleterre est un petit pays : elle ne couvre que 50 000 milles carrés, alors que les États-Unis, comme chacun le sait, en contiennent trois milliards et demi. J'ai mentionné ce fait à un autre passager anglais du train, accompagné d'une estimation provisoire de la récolte de maïs américaine pour 1922 : mais il s'est contenté de mettre sa couverture autour de ses genoux, a bu une gorgée de cognac dans sa gourde de voyage et s'est enfoncé dans un état ressemblant à la mort. Je me contentai de noter une impression d'incivilité et ne prêtai plus d'attention à mon compagnon de voyage que de lire les étiquettes de ses bagages et de parcourir les rubriques de son journal en jetant un coup d'œil par-dessus son épaule.

C'était ma première expérience de voyager avec un autre passager dans un compartiment d'un train anglais, et j'avoue maintenant que j'ignorais encore la bonne conduite à suivre. Plus tard, je suis devenu pleinement familier avec la règle du voyage telle qu'elle est comprise en Angleterre. J'aurais dû savoir, bien sûr, que je ne devais en aucun cas parler à cet homme. Mais j'aurais dû baisser un peu la fenêtre pour lui faire un fort courant d'air à l'oreille. Si cela n'avait pas réussi à briser sa réserve, j'aurais placé une lourde valise dans le porte-bagages au-dessus de sa tête, de manière à ce qu'elle puisse tomber sur lui à tout moment. À défaut, j'aurais pu lui souffler des ronds de fumée ou lui marcher sur les pieds sous prétexte de regarder par la fenêtre. Sous la domination anglaise, tant qu'il supporte cela en silence, vous n'êtes pas censé le connaître. En fait, il n'est pas censé être là. Vous et lui présumez chacun que l'autre n'est qu'un simple morceau d'espace vide. Mais qu'on le pousse une fois à dire : « Oh, je vous demande pardon, je me demande si cela ne vous dérangerait pas que je ferme la fenêtre », et il est perdu. Après cela, vous avez le droit de lui dire tout ce qui vous tient à cœur sur la récolte de maïs.

Mais dans le cas présent, je n'en savais rien, et après trois heures de silence charmant, je me trouvai à Londres.

II.
Je suis interviewé par la presse

IMMÉDIATEMENT dès mon arrivée à Londres, j'ai été interviewé par la presse. J'ai été interviewé vingt fois en tout. Je ne dis pas cela dans un esprit d'exaltation ou de vantardise. Je le déclare simplement comme un fait : interviewé vingt fois, seize fois par des hommes et deux fois par des femmes. Mais comme je sens que les résultats de ces entretiens n'étaient pas tout à fait ce que j'aurais pu souhaiter, je pense qu'il serait bon de donner une explication publique de ce qui s'est passé.

La vérité est que nous faisons les choses si différemment en Amérique que j'ai été pour le moment complètement désorienté. Les questions auxquelles j'étais en droit de m'attendre après de nombreuses années d'entretiens américains et canadiens n'ont pas été posées.

Je passe sous silence le fait qu'être interviewé pendant cinq heures est un processus fatiguant. Je ne prétends pas à une exemption pour cela. Mais c'est sans doute à cela que sont dues les singulières divergences quant à mon apparence physique que j'ai détectées dans les journaux de Londres.

Le jeune homme qui m'a interviewé immédiatement après le petit-déjeuner m'a décrit comme « un homme vif et énergique, toujours dans la quarantaine, avec de l'énergie dans chaque mouvement ».

La dame qui m'a écrit à 11 heures 30 m'a signalé que mes cheveux devenaient gris et qu'il y avait « une langueur particulière » dans mes manières.

Et à la fin, le garçon qui m'a pris en charge à deux heures moins le quart a dit : « Le vieux monsieur s'est laissé tomber avec lassitude sur une chaise dans le salon de l'hôtel. Ses cheveux sont presque blancs.

Le problème, c'est que je n'avais pas compris que les journalistes londoniens sont censés s'intéresser à l'apparence personnelle d'un homme. En Amérique, nous ne nous soucions jamais de cela. Nous le décrivons simplement comme une « dynamo ». Pour une raison ou une autre, il plaît toujours à tout le monde d'être qualifié de « dynamo », et les lecteurs, du moins chez nous, aiment lire sur les gens qui sont des « dynamos » et ne s'intéressent guère à autre chose.

Dans le cas d'hommes très âgés, nous les appelons parfois « chevaux de bataille » ou « volcans éteints », mais au-delà de ces trois classes, nous ne nous hasardons guère à les décrire. J'ai donc été induit en erreur. Je m'attendais à ce que le journaliste dise : "Dès que M. Leacock est arrivé dans la salle, nous avons senti que nous étions en présence d'une "dynamo" (ou d'un "cheval de bataille éteint", selon le cas)." Sinon, j'aurais continué ces mouvements énergiques toute la matinée. Mais ils me fatiguent, et je ne les croyais pas nécessaires. Mais j'ai laissé passer ça.

Le problème le plus grave résidait dans les questions que me posaient les journalistes. Dans nos principaux centres de population, nous utilisons un tout autre ensemble. Je pense ici en particulier au genre d'entretien que j'ai donné à Youngstown, Ohio, à Richmond, Indiana et à Peterborough, Ontario. Dans tous ces endroits, par exemple à Youngstown, Ohio, le journaliste pose comme première question : « Quelle est votre impression de Youngstown ?

À Londres, ce n'est pas le cas. Ils semblent indifférents au sort de leur ville. Peut-être s'agit-il seulement de la fierté anglaise. Pour autant que je sache, ils étaient peut-être brûlants de savoir cela, tout comme les gens de Youngstown, Ohio, et ils étaient trop fiers pour le demander. En tout cas, j'insérerai ici la réponse que j'avais écrite dans mon portefeuille (un exemplaire pour chaque journal - comme nous le faisons à Youngstown), et qui disait :

"Londres me semble résolument une ville d'avenir. Située au cœur d'un riche district agricole relié par chemin de fer dans toutes les directions, et reposant, comme il se doit, sur un lit de charbon et de pétrole, je prophétise qu'elle sera un jour une grande ville. »

L'avantage est que cela permet au journaliste d'obtenir le type de titre qu'il lui faut : PROPHÉSIES UN AVENIR BRILLANT POUR LONDRES. Si cela avait été utilisé, mon nom y aurait eu une place plus élevée qu'aujourd'hui — à moins que les habitants de Londres ne soient très différents de ceux de Youngstown, ce dont je doute. Dans l'état actuel des choses, ils ne savent pas si leur avenir est brillant ou s'il est aussi sombre que la boue. Mais ce n'est pas ma faute. Les journalistes ne me l'ont jamais demandé.

Si la première question avait été traitée correctement, elle aurait conduit à une transition facile et agréable vers la deuxième question, qui dit toujours : « Avez-vous vu nos usines ? A quoi la réponse est :

"Oui. J'ai été emmené tôt ce matin par un groupe de vos citoyens (que je ne saurais assez remercier) dans une voiture Ford pour voir votre travail de seaux et de seaux. À onze heures trente, j'ai été emmené par un deuxième groupe à ce qui était apparemment la même voiture pour voir vos savons. Je comprends que vous êtes le deuxième centre de fabrication de clous à l'est des Alleghenies, et je suis étonné et consterné cet après-midi, je dois être emmené voir votre merveilleux système d'élimination. des égouts, une chose qui me fascine depuis mon enfance."

Je ne formule aucune critique du système d'entretien de Londres, mais on voit immédiatement à quel point cette méthode de Youngstown est facile et conviviale pour toutes les personnes concernées ; combien cela fonctionne mieux que la méthode londonienne consistant à poser des questions sur la littérature, l'art et des choses difficiles de ce genre. Je suis sûr qu'il doit y avoir une savonnerie et peut-être une fabrique de seaux quelque part à Londres. Mais pendant tout mon séjour là-bas, personne ne m'a jamais proposé de m'y emmener. Quant aux égouts, oh, eh bien, je suppose que nous sommes plus hospitaliers en Amérique. Laissons-en là.

J'avais ma réponse toute écrite et prête, disant :

"Je comprends que Londres est le deuxième centre de consommation de houblon, le quatrième centre de destruction de porcs et le premier centre d'absorption d'œufs au monde."

Mais ce que je déplore encore plus, et je pense avec raison, c'est l'omission totale de l'interrogation familière : « Quelle est votre impression de nos femmes ?

C'est là que le journaliste de notre côté enfonce le clou à chaque fois. C'est à ce moment-là que nous lui donnons toujours un coup de coude dans les côtes et lui achetons un cigare, et que la jeunesse et l'âge s'unissent pour une plaisanterie sournoise. Ici encore, le sous-titre apparaît si bien : PENSE LES FEMMES DE YOUNGSTOWN CHARMANTES. Et ils sont. Ils sont partout. Mais je déteste penser que j'ai dû garder inutilisée mon impression des femmes londoniennes dans ma poche pendant qu'un jeune homme me demandait si je pensais que la littérature moderne devait plus à l'observation et moins à l'inspiration que tout autre type de littérature.

C'est exactement le genre de question, la dernière, sur laquelle les journalistes londoniens semblent insister. Ils semblaient passionnés de littérature ; et leurs questions sont trop difficiles. On m'a demandé si la dramaturgie américaine était structurellement inférieure à la dramatique française. Je n'appelle pas ça juste. Je lui ai dit que je ne savais pas; que je connaissais la réponse quand j'étais à l'université, mais que je l'avais oubliée, et que, de toute façon, je suis trop aisé maintenant pour avoir besoin de m'en souvenir.

Cette question n'est qu'une parmi une longue liste qu'ils m'ont posée sur l'art et la littérature. Je les ai manqués presque tous, sauf un, à savoir si je pensais qu'Al Jolson ou Frank Tinney était l'artiste le plus élevé, et même celui-là a été demandé par un Américain qui se perd dans la presse de Londres.

Je ne veux pas parler avec colère. Mais je le dis franchement, l'ambiance de ces jeunes n'est pas saine, et je sentais que je n'avais plus envie de les voir.

S'il y avait eu un journaliste comme celui que nous avons chez nous à Montréal, à Toledo ou à Springfield, dans l'Illinois, je l'aurais accueilli à mon hôtel. Il aurait pu m'emmener dans une voiture Ford, me montrer une usine et me dire combien de pieds cubes d'eau descendent la Tamise en une heure. J'aurais dû être content de sa compagnie, et lui et moi aurions rédigé ensemble le genre de copie que lisent les gens de sa classe et de la mienne. Mais j'avais le sentiment que si un jeune homme venait s'enquérir de la structure du drame moderne, il ferait mieux qu'il se rende au British Museum.

En attendant, comme les journalistes n'ont absolument pas réussi à obtenir l'importante somme d'informations que j'ai acquise, je réserve mes impressions de Londres pour un chapitre à part.

III.
Impressions de Londres

AVANT de consigner mes impressions sur la grande métropole anglaise ; une phrase que j'ai conçue comme une désignation pour Londres ; Je pense qu'il convient de présenter des premières excuses. Je trouve que je reçois des impressions avec beaucoup de difficulté et que je n'ai rien de cette facilité à les capter dont font preuve les écrivains britanniques sur l'Amérique. Je me souviens que Hugh Walpole m'a dit qu'il pouvait difficilement se promener dans Broadway sans en obtenir au moins pour trois dollars et sur la Cinquième Avenue pour cinq dollars ; et je me souviens que St. John Ervine est venu chez moi à Montréal, a bu une tasse de thé, a emprunté du tabac et est reparti avec pour soixante dollars d'impressions sur la vie et le caractère canadien.

Pour ce genre de choses, je n'ai qu'une admiration désespérée. Je peux me faire une idée si on me laisse du temps et si j'y réfléchis à l'avance. Mais cela demande de la réflexion. Ce fait m'était d'autant plus pénible que l'un des principaux éditeurs d'Amérique m'avait fait une proposition aussi honorable pour lui que lucrative pour moi, dès mon arrivée à Londres ; ou juste avant — Je lui enverrais mille mots sur le génie des Anglais, cinq cents mots sur l'esprit de Londres, et deux cents mots de conversation personnelle avec Lord Northcliffe. Je n'ai pu remplir ce contrat qu'en discutant personnellement avec Lord Northcliffe, ce qui s'est avéré facile puisqu'il se trouvait en Australie.

Mais j'ai depuis rassemblé mes impressions aussi consciencieusement que possible et je les présente ici. S'ils semblent s'inspirer un peu des impressions britanniques sur l'Amérique, j'avoue d'emblée que l'influence est là. Nous, écrivains, agissons et réagissons tous les uns sur les autres ; et quand je vois une bonne chose dans le livre d'un autre homme, j'y réagis immédiatement.

Londres, dont le nom est déjà connu des millions de lecteurs de ce livre, est magnifiquement située sur la Tamise, qui trace ici une large courbe avec à peu près la même largeur et la même majesté que la rivière Saint-Jo à South Bend, Indiana. . Londres, comme South Bend elle-même, est une ville aux rues propres et aux trottoirs admirables, et dispose d'un excellent approvisionnement en eau. On est immédiatement frappé par le nombre d'automobiles excellentes et bien équipées que l'on voit partout, par la propreté des magasins et par la propreté et la gaieté des visages des gens. Bref, comme l'a dit un visiteur anglais à propos de Peterborough, en Ontario, il y a une nette note d'optimisme dans l'air. J'oublie qui a dit cela, mais en tout cas, je suis moi-même allé à Peterborough et je l'ai vu.

Contrairement à mes attentes et contrairement à tous nos précédents transatlantiques, je n'ai pas été accueilli au dépôt par l'un des principaux citoyens, lui-même membre du Conseil municipal, conduisant sa propre automobile. Il n'a pas mis un tapis de fourrure autour de mes genoux, ne m'a pas offert un cigare vraiment excellent et n'a pas commencé à me conduire à travers la ville pour me montrer les principaux points d'intérêt, le réservoir municipal, l'usine à gaz et l'abattoir municipal. En fait, il n'était pas là. Mais j'attribue son absence non pas à un manque d'hospitalité, mais simplement à une certaine réserve du caractère anglais. Ils sont encore peu habitués à l'arrivée des conférenciers. Lorsqu'ils seront plus habitués à leur venue, ils apprendront à les amener directement à l'abattoir municipal comme nous le faisons.

Faute de meilleurs conseils, j'ai donc dû me forger moi-même mes impressions sur Londres. Au sens purement physique, il y a de quoi attirer le regard. La ville peut se vanter de posséder de nombreux beaux bâtiments publics et bureaux qui se comparent avantageusement à tout ce qui se trouve de l'autre côté de l'Atlantique. Sur la rive même de la Tamise s'élève la centrale électrique de la Westminster Electric Supply Corporation, un bel édifice moderne dans le style japonais ultérieur. A proximité se trouvent les locaux spacieux de l'Imperial Tobacco Company, tandis qu'à proximité, les usines à gaz de Chelsea ajoutent un élément frappant de rotondité. En passant vers le nord, on observe le pont de Westminster, remarquable comme station principale du métro. Cette gare et celle qui la précède, celle de Charing Cross, sont reliées par une large artère appelée Whitehall. L'une des meilleures pharmacies américaines se trouve ici. L'extrémité supérieure de Whitehall s'ouvre sur le majestueux et spacieux Trafalgar Square. Ici sont regroupés dans une proximité imposante les bureaux du Canadien Pacifique et d'autres chemins de fer, de l'International Sleeping Car Company, du Montreal Star et de l'Anglo-Dutch Bank. Deux des meilleurs salons de coiffure américains sont regroupés à proximité de la place, tandis que l'existence d'un grand monument en pierre au milieu de la place elle-même permet au visiteur américain de les trouver sans difficulté. En passant vers l'est en direction du cœur de la ville, on remarque sur la gauche l'imposant monument de Saint-Paul, une énorme église surmontée d'un dôme rond, évoquant fortement la première église du Christ (Scientifique) sur Euclid Avenue, à Cleveland.

Mais les églises anglaises n'étant pas étiquetées, le visiteur est souvent incapable de les distinguer.

Un peu plus loin, on se retrouve au cœur du Londres financier. Ici, toutes les grandes institutions financières d'Amérique – la First National Bank de Milwaukee, la Planters National Bank de St. Louis, la Montana Farmers Trust Co. et bien d'autres – ont soit leurs bureaux, soit leurs agents. La Banque d'Angleterre, qui agit comme agent à Londres de la Montana Farmers Trust Company, et la London County Bank, qui représente la People's Deposit Co., de Yonkers, dans l'État de New York, se trouveraient dans le quartier.

Cette partie particulière de Londres est liée à l'existence de cette chose étrange et mystérieuse appelée « la City ». Je suis encore incapable de décider si la ville est une personne, un lieu ou une chose. Mais en tant que forme d'être, je lui attribue le mérite d'être la créature la plus émotive, la plus volatile et la plus particulière du monde. Vous lisez dans le journal du matin que la Ville est « profondément déprimée ». À midi, on rapporte que la ville est « dynamique » et à quatre heures, qu'elle est « follement excitée ».

J'ai essayé en vain de trouver les causes de ces changements particuliers de sentiment. Les raisons apparentes, telles qu'exposées dans le journal, sont si insignifiantes qu'elles sont à peine dignes d'être crues. Par exemple, voici le genre de nouvelles qui sortent de la Ville. "La nouvelle de la signature d'un modus vivendi entre le sultan de Kowfat et le Shriek-ul-Islam a provoqué un soudain enthousiasme dans la ville. Les rails d'acier, qui avaient été enfoncés toute la matinée, ont immédiatement réagi tandis que les mules américaines se sont rapidement relevées pour atteindre leur parité. "... "Monsieur Poincar, s'exprimant à Bordeaux, a déclaré que désormais la France devait chercher à conserver par tous les moyens possibles le championnat du monde de ping-pong : les valeurs de la Ville se sont effondrées d'un coup."... " Des dépêches de Bombay disent que le Shah de Perse a remis hier une pantoufle d'or au grand vizir Feebli Pacha en signe qu'il pouvait aller se poursuivre : la nouvelle a été aussitôt suivie d'une goutte d'huile et d'une tentative rapide de liquider tout ce qui est fluide. .."

Mais ces mystères de la Ville, je ne prétends pas les expliquer. J'ai traversé cet endroit des dizaines de fois et je n'ai jamais rien remarqué de particulier en termes de dépression ou de flottabilité, de chute de pétrole ou de rails montants. Mais il est sans aucun doute là.

Un peu au-delà de la ville et plus loin sur la rivière, le visiteur découvre ce quartier de Londres se terminant par la sombre et menaçante Tower, le principal pénitencier de la ville. Ici, la reine Victoria a été emprisonnée pendant de nombreuses années.

On peut se procurer une excellente essence au garage américain immédiatement au nord de la tour, où l'on effectue également des réparations de moteurs de toutes sortes.

Ce ne sont là cependant que des images superficielles de Londres, recueillies par l'œil du touriste. Une signification bien plus profonde se trouve dans l'examen des grands monuments historiques de la ville. Les principaux d'entre eux sont la Tour de Londres (que nous venons de mentionner), le

British Museum et l'abbaye de Westminster. Aucun visiteur à Londres ne devrait manquer de les voir. En fait, il devrait avoir le sentiment que sa visite en Angleterre est vaine s'il ne les a pas vus. Je parle fortement sur ce point parce que j'y suis profondément attaché. À mon avis, il y a quelque chose dans la fascination sinistre de la tour historique, le calme cloîtré du musée et la majesté de l'ancienne abbaye, qui fera que ce sera le regret de ma vie de n'avoir vu aucun des trois. J'en avais bien l'intention : mais j'ai échoué : et je ne peux qu'espérer que les circonstances de mon échec pourront être utiles aux autres visiteurs.

La Tour de Londres que j'avais très certainement l'intention d'inspecter. Chaque jour, à la manière de chaque touriste, je me rédigeais une petite liste de choses à faire et j'y mets toujours la Tour de Londres. Le lecteur connaît sans doute le genre de petite liste dont je parle. Il fonctionne :

1. Allez à la banque.

2. Achetez une chemise.

3. Galerie nationale de photos.

4. Lames de rasoir.

5. Tour de Londres.

6. Savon.

Cet itinéraire, je le regrette, n'a jamais été réalisé dans son intégralité. Parfois, j'allais à la banque et j'achetais une chemise en une seule matinée ; d'autres fois, j'achetais des lames de rasoir et je trouvais presque la National Picture Gallery. Pendant ce temps, mes connaissances londoniennes me pressaient de toutes parts de ne pas manquer de voir la Tour. « Il y a une sombre fascination autour de cet endroit », ont-ils déclaré ; "tu ne dois pas le manquer." Je suis tout à fait certain qu'avec le temps j'aurais dû me rendre à la Tour sans avoir fait une découverte fatale. J'ai découvert que les Londoniens qui m'avaient poussé à aller voir la Tour ne l'avaient jamais vue eux-mêmes. Il semble qu'ils ne s'en approchent jamais. Un soir, lors d'un dîner, un homme à côté de moi m'a dit : « Avez-vous vu la Tour ? Vous devriez vraiment la voir. Elle suscite une sombre fascination. Je l'ai regardé en face. "L'avez-vous vu vous-même ?" J'ai demandé. "Oh, oui," répondit-il.

"Je l'ai vu." "Quand?" J'ai demandé. L'homme hésita. «Quand j'étais petit garçon», dit-il, «mon père m'y a emmené». "Ça fait combien de temps ?" J'ai demandé. "Il y a environ quarante ans", répondit-il;

"J'ai toujours l'intention d'y retourner, mais je n'ai pas l'impression d'avoir le temps."

Après cela, j'ai compris que lorsqu'un Londonien demande : « Avez-vous vu la Tour de Londres ? la réponse est : « Non, et vous non plus. »

Prenons le cas parallèle du British Museum. Voici un lieu qui est un véritable trésor. Un dépôt de certaines des reliques historiques les plus inestimables que l'on puisse trouver sur terre. Il contient, par exemple, le célèbre manuscrit en papyrus de Thotmès II de la première dynastie égyptienne, chose connue des érudits du monde entier comme le plus ancien spécimen existant de ce que l'on peut appeler l'écriture ; en effet, on peut ici voir l'évolution réelle (je cite un ouvrage de référence, ou du moins d'après mon souvenir) de l'écriture cunéiforme idéographique à l'écriture phonétique syllabique. Chaque fois que j'ai entendu parler de ce manuscrit et que je me suis trouvé à Orillia (Ontario) ou à Schenectady (New York) ou dans un endroit similaire, j'ai senti que je serais prêt à faire un voyage complet en Angleterre pour passer cinq minutes au British Museum. Musée, juste cinq, pour regarder ce papyrus. Pourtant, dès mon arrivée à Londres, tout a changé. Les gares de Londres ont été aménagées de telle sorte que pour prendre un train vers le nord ou l'ouest, le voyageur doit passer par le British Museum. La première fois que je suis passé devant en taxi, j'ai ressenti un véritable frisson. « À l'intérieur de ces murs, pensai-je, se trouve le manuscrit de Thotmès II. La fois suivante, j'ai arrêté le taxi. "Est-ce que c'est le British Museum ?" J'ai demandé au chauffeur : « Je pense que c'est quelque chose du genre, monsieur », a-t-il répondu. J'ai hésité. "Conduis-moi", dis-je, "là où je peux acheter des lames de rasoir de sécurité."

Après cela, j'ai pu passer devant le musée avec l'assurance tranquille d'un Londonien et prendre part à des discussions à table pour savoir si le British Museum ou le Louvre contenait les plus grands trésors. C'est assez simple de toute façon. Il suffit de rappeler que La Victoire ailée de Samothrace se trouve au Louvre et que le papyrus de Thotmès II (ou un document similaire) est au Musée.

L'abbaye, je l'avoue, est effectivement majestueuse. Je n'avais pas l'intention de manquer d'y entrer. Mais j'ai senti, comme tant de touristes, que je voulais y entrer dans le bon état d'esprit. Je n'ai jamais été dans cet état d'esprit ; du moins pas à proximité de l'abbaye elle-même. J'ai été exactement dans cet état d'esprit lorsque j'étais sur State Street, à Chicago, ou sur King Street, à Toronto, ou n'importe où à trois mille milles de l'abbaye. Mais par malchance, je n'ai jamais touché à la fois l'état d'esprit et l'abbaye.

Mais après tout, les Londoniens, en ne voyant pas leurs propres merveilles, ne sont que comme le reste du monde. Les gens qui vivent à Buffalo ne vont jamais voir les chutes du Niagara ; les gens à Cleveland ne savent pas quelle est la maison de M. Rockefeller, et les gens vivent et même meurent à New York sans monter au sommet du Woolworth Building. Et de toute façon, le passé est lointain et le présent est proche. Je connais un chauffeur de taxi à Québec dont le travail dans la vie est de conduire les gens voir les plaines d'Abraham, mais à moins qu'ils ne le dérangent, il ne leur montre pas l'endroit où Wolfe est tombé : ce qu'il Il souligne avec beaucoup d'enthousiasme l'endroit où le maire et le conseil municipal se sont assis sur la plate-forme en bois qu'ils ont érigée pour la fête municipale de l'été dernier.

Aucune description de Londres ne serait complète sans une référence, même brève, à la salubrité et au charme singuliers du climat londonien. Cela se voit à son meilleur pendant les mois d'automne et d'hiver. Le climat de Londres et de l'Angleterre en général est dû à l'influence du Gulf Stream. La façon dont cela fonctionne est la suivante : le Gulf Stream, à mesure qu'il s'approche des côtes des îles britanniques et sent la proximité de l'Irlande, s'élève dans les airs, se transforme en soupe et descend sur Londres. Parfois, la soupe est fine et n'est en fait qu'un brouillard ; à d'autres moments, elle a la consistance d'un potage Saint-Germain épais. Les Londoniens sont un peu sensibles sur ce point et flattent leur atmosphère en la qualifiant de brouillard : mais ce n'est pas le cas : c'est de la soupe. L'idée selon laquelle la lumière du soleil ne passe jamais et que pendant l'hiver londonien les gens ne voient jamais le soleil est bien sûr une erreur ridicule, répandue sans aucun doute par la jalousie des nations étrangères. J'ai moi-même vu le soleil bien visible à Londres, sans l'aide de lunettes, un jour de novembre en plein jour ; et encore une nuit, vers quatre heures de l'après-midi, je vis le soleil apparaître distinctement à travers les nuages. Le sujet de la lumière du jour pendant l'hiver londonien relève cependant plutôt de la technique de l'astronomie que d'un livre de description. En pratique, la lumière du jour est peu utilisée. Des lumières électriques brûlent en permanence dans toutes les maisons, immeubles, gares et clubs. Cette pratique désormais universellement observée s'appelle l'heure d'été.

Mais la distinction entre le jour et la nuit pendant l'hiver londonien reste assez évidente pour tout esprit observateur. Elle est signalée par divers signes tels que la sonnerie des horloges, le son des cloches, la fermeture des salons et l'augmentation des tarifs des taxis. Il est beaucoup moins facile de distinguer l'approche technique de la nuit dans les autres villes d'Angleterre situées en dehors des limites physiques et intellectuelles de Londres et vivant dans une obscurité continue. Dans des endroits comme les grandes villes manufacturières, Buggingham-under-Smoke ou Gloomsbury-on-Ooze, la nuit peut être considérée comme perpétuelle.

J'avais écrit tout le chapitre ci-dessus et je le considérais comme terminé lorsque je réalisai que j'avais commis une terrible omission. J'ai négligé de parler du Mind of London. C'est une chose qui est toujours mise dans tout livre de découverte et d'observation et je ne peux que m'excuser de ne pas en avoir discuté plus tôt. Je connais assez bien les chapitres d'autres personnes sur « L'esprit américain », « L'esprit chinois », etc. En effet, autant que je sache, il s'est avéré que presque tout le monde, partout dans le monde, a un esprit. Personne ne voyage aujourd'hui, même en Amérique centrale ou au Thibet, sans rapporter un chapitre sur « L'esprit du Costa Rica » ou sur la « Psychologie du Mongol ». Même les peuples les plus doux comme les Birmans, les Siamois, les Hawaïens et les Russes, bien qu'ils n'aient pas d'esprit, sont écrits comme des âmes.

Il est donc bien évident que l'esprit de Londres existe : et il est d'autant plus coupable de ma part de l'avoir négligé dans la mesure où mon ami rédacteur à New York m'en avait expressément parlé avant mon départ. "Quoi," dit-il en se penchant au-dessus de son bureau selon sa façon massive et en tendant la main en l'air, "qu'est-ce qui a dans la tête de ces gens ? Est-ce qu'ils," ajouta-t-il, à moitié pour lui-même, bien que je l'entende, " Est-ce qu'ils pensent ? Et s'ils pensent, que pensent-ils ?

J'ai donc fait, lors de mon séjour à Londres, une étude précise des choses auxquelles Londres semblait penser. Comme base comparative pour cette étude, j'ai apporté avec moi une liste soigneusement sélectionnée des choses auxquelles New York pensait en ce moment. Je les ai sélectionnés parmi les journaux actuels dans les proportions de l'espace alloué à chaque sujet et de la taille du titre qui l'annonçait. Ayant ainsi une idée pratique de ce que je pourrais appeler l'esprit de New York, j'ai pu rassembler et mettre à côté une liste de sujets similaires, tirés de la London Press, pour représenter l'esprit de Londres. Les deux placés côte à côte constituent un élément d'analyse psychologique intéressant. Ils se lisent comme suit :

L'ESPRIT DE NEW YORK L'ESPRIT DE LONDRES

A quoi pense-t-il ? A quoi pense-t-il ?

1. Les choristes se marient-elles ? 1. Les choristes se marient-elles

de bonnes épouses ? Bien?

2. Les cheveux roux sont-ils un signe de 2. Qu'est-ce que les cheveux roux sont un signe de

de

tempérament? signe de?

3. Une femme peut-elle être amoureuse ? 3. Un homme peut-il être amoureux

l'amour avec deux hommes ? avec deux femmes ?

4. La graisse est-elle un signe de génie ? 4. Le génie est-il un signe de graisse ?

En parcourant ces listes, il me semble préférable de les présenter sans commentaire ; Je suis sûr que, quelque part en eux, on devrait déceler les battements de cœur, les pulsations de deux grands peuples. Mais je ne comprends pas. En fait, les deux listes me ressemblent terriblement à « l'esprit du Costa Rica ».

Le même éditeur m'a également conseillé de me mêler, à ses frais, à la brillante vie intellectuelle de l'Angleterre. « Là, dit-il, se trouve une coterie d'hommes, probablement le groupe le plus brillant à l'est du Mississippi. (Je pense qu'il a dit le Mississippi). « Vous les trouverez, me dit-il, brillants, spirituels, pleins de répartie. Il m'a proposé de lui renvoyer, autant que les mots pouvaient l'exprimer, un peu de cet éclat. J'étais très heureux de pouvoir le faire, même si je crains que les résultats ne soient pas du tout ceux qu'il espérait. Pourtant, j'ai eu des conversations avec ces gens et je lui ai donné, en toute sincérité, le résultat. Sir James Barrie a déclaré : « C'est un temps vraiment très exceptionnel pour cette période de l'année. » Cyril Maude a déclaré : "Et donc un cocktail Martini n'est que du gin et du vermouth." Ian Hay a déclaré : "Vous trouverez le métro très pratique une fois que vous l'aurez compris."

J'ai beaucoup plus de ces réparties que je pourrais insérer ici si c'était nécessaire. Mais d'une manière ou d'une autre, j'ai l'impression que ce n'est pas le cas.

IV.
Une vision claire du gouvernement et de la politique anglaise

Un sujet britannique LOYAL comme moi, dans ses relations avec le gouvernement ˏanglais, devrait nécessairement commencer par une discussion sur la monarchie. Je n'ai jamais eu le plaisir de rencontrer le roi, sauf une fois sur la plateforme du GTR à Orillia, en Ontario, lorsqu'il était duc d'York et que j'étais l'un des délégués d'accueil du conseil municipal. Nul doute qu'il s'en souviendrait dans une minute.

Mais en Angleterre, le roi est entouré de formalités et de circonstances. De nombreux matins, j'attendais aux portes du palais de Buckingham, mais il m'était tout à fait impossible de rencontrer le roi de la manière tranquille et sociable dont on le rencontrait à Orillia. Les Anglais, semble-t-il, aiment faire de la royauté un sujet de grande pompe et d'étiquette officielle. Au Canada, c'est très différent. Peut-être comprenons-nous mieux les rois et les princes que les Anglais. En tout cas, nous les traitons d'une manière beaucoup plus humaine, de cœur à cœur, que ne le fait la coutume anglaise, et ils y répondent immédiatement. Je me souviens lorsque le roi George — il était alors, comme je l'ai dit, duc d'York — est venu à Orillia, en Ontario, comment nous l'avons tous rencontré en délégation sur l'estrade. Bob Curran — Bob était maire de la ville cette année-là — s'est approché de lui, lui a serré la main et l'a invité à venir directement à la maison Orillia où il lui avait réservé une chambre. Charlie Janes, Mel Tudhope et les autres garçons qui siégeaient au conseil municipal se sont rassemblés autour du prince royal, lui ont serré la main et lui ont dit qu'il devait simplement rester chez nous. George Rapley, le directeur de la banque, a déclaré que s'il voulait qu'un chèque ou quelque chose de ce genre soit encaissé, il le ferait pour lui. Le prince était accompagné de deux aides de camp et d'un secrétaire, mais Bob Curran a dit de les amener également en ville et tout irait bien. Nous avions prévu d'organiser un dîner d'huîtres pour le prince à l'hôtel de Jim Smith, puis de l'emmener soit à la salle de billard du YMCA, soit à la soirée thé au sous-sol de l'église presbytérienne.

Malheureusement, le prince ne pouvait pas rester. Il s'est avéré qu'il devait remonter immédiatement dans son train et se rendre à Peterborough, en Ontario, où une fanfare devait l'accueillir, ce qu'il ne voulait naturellement pas manquer.

Mais le fait est que ce fut un véritable accueil. Et on voyait que le prince l'appréciait. Il y avait une chaleur et un sens que le prince comprit immédiatement. C'était dommage qu'il n'ait pas pu rester et avoir le temps de visiter l'usine de voitures et la nouvelle station d'épuration. Nous avons tous dit au prince qu'il devait revenir et il a répondu que s'il le pouvait, il le ferait certainement. Lorsque le train du prince a quitté la gare et que nous sommes tous retournés ensemble dans le centre-ville (c'était avant l'arrivée de la prohibition en Ontario), on pouvait sentir que l'institution royale était assez solide à Orillia pendant une génération.

Mais on n'obtient pas ce genre de chose en Angleterre.

Il y a une formalité et une froideur dans toutes leurs relations avec la royauté qui ne nous plairaient jamais. Ils aiment que le roi vienne ouvrir le Parlement vêtu de robes royales et avec une troupe de soldats bruyants chevauchant devant lui. Quant à l'emmener au YMCA pour jouer au billard, ils n'y pensent jamais. Ils ont vu tellement de choses en dehors de sa royauté qu'ils n'en comprennent pas le cœur comme nous le faisons au Canada.

Mais tournons-nous vers la Chambre des Communes : car aucune description de l'Angleterre ne serait complète sans au moins quelques mentions de cet intéressant corps. En fait, pour le visiteur ordinaire de Londres, le plus grand intérêt s'attache aux spacieux et magnifiques édifices du Parlement. La Chambre des communes est idéalement située au bord de la Tamise. Les principales caractéristiques de la maison sont la grande salle à manger du côté ouest et le salon de thé sur la terrasse à l'est. Une série de salles de déjeuner plus petites s'étendent (apparemment) tout autour des locaux : tandis qu'un bar spacieux offre un accès facile aux membres à toute heure de la journée. Pendant que des membres sont dans le bar, une lumière reste allumée dans la haute tour de l'horloge située dans un coin du bâtiment, mais lorsque le bar est fermé, la lumière est éteinte par celui des membres écossais qui part en dernier. Il y a une belle chambre législative attenante aux locaux, d'où, ainsi que nous le disent les antiquaires, la Chambre des communes tire son nom. Mais il n'est plus habituel que les députés siègent à la Chambre législative, car les lois sont désormais rédigées à l'extérieur, soit au domicile de M. Lloyd George, soit au National Liberal Club, soit dans l'un ou l'autre des bureaux du journal. . La Chambre, cependant, est convoquée à des intervalles très fréquents pour lui donner l'occasion d'entendre les dernières législations et permettre aux membres de se livrer à des acclamations, des soupirs, des gémissements, des votes et d'autres expressions de vitalité. Après avoir applaudi autant qu'il le faut, il retourne dans les réfectoires et continue de manger jusqu'à ce qu'il en ait à nouveau besoin.

Il est cependant tout à fait exagéré de dire que la Chambre des communes n'a plus de part réelle dans le gouvernement de l'Angleterre. Ce n'est pas le cas. Quiconque est lié au gouvernement accorde une grande valeur à la Chambre des communes. L'un des principaux propriétaires de journaux de Londres m'a dit lui-même qu'il avait toujours pensé que s'il avait la Chambre des communes à ses côtés, il avait un allié très précieux. De nombreux dirigeants syndicaux sont enclins à considérer la Chambre des communes comme d'une grande utilité, tandis que les principales organisations féminines, maintenant que les femmes sont admises comme membres, peuvent être considérées comme l'une des leurs.

En regardant autour de moi pour déterminer où entre en jeu le service naturel de la Chambre des communes, j'ai tendance à penser que cela doit être dans la pratique consistant à « poser des questions » à la Chambre. Chaque fois que quelque chose ne va pas, un député se lève et pose une question. Il se lève par exemple, un petit papier à la main, et demande au gouvernement si les ministres savent que le Khédive d'Egypte a été vu hier portant un Tarbosh turc. Les ministres disent très humblement qu'ils ne le savaient pas, et un frémissement parcourt tout le pays. Les membres peuvent apparemment poser toutes les questions qu'ils souhaitent. Au cours des visites répétées que j'ai faites à la tribune de la Chambre des Communes, je n'ai pas pu trouver de sens particulier aux questions posées, même si elles avaient sans aucun doute un rapport intime avec la politique anglaise, qui n'était pas clair pour un étranger comme moi. J'ai entendu un député demander au gouvernement s'il savait que du hareng était importé de Hambourg à Harwich. Le gouvernement a dit non. Un autre député se leva et demanda au gouvernement s'il considérait Shakespeare ou Molière comme le plus grand artiste dramatique. Le gouvernement a répondu que les ministres y réfléchiraient sérieusement et qu'un rapport serait soumis au Parlement. Un autre député a demandé au gouvernement s'il savait qui avait remporté le Queen's Plate cette saison à Toronto. C'est ce qu'ils ont fait — en fait, ce député s'est trompé, car c'est précisément ce que le gouvernement sait. Vers la fin de la soirée, un député s'est levé et a demandé au gouvernement s'il savait quelle heure il était. Le Président a toutefois déclaré cette question irrecevable au motif qu'elle avait déjà reçu une réponse.

Les édifices du Parlement sont si vastes qu'il n'est pas possible de dire avec certitude ce qu'ils contiennent ou non. Mais on dit généralement que quelque part dans le bâtiment se trouve la Chambre des Lords. Lorsqu'ils se rencontrent, on dit qu'ils se réunissent très tranquillement peu avant l'heure du dîner, prennent un verre de xérès sec et un biscuit (ce sont tous des hommes abstinents), rejettent toutes les factures qui se trouvent actuellement devant eux, prennent un autre xérès sec et puis ajourner pendant deux ans.

Le public n'a plus accès sans restriction aux Chambres du Parlement ; ses abords sont désormais strictement gardés par des policiers. Pour obtenir l'admission, il faut soit (A) communiquer par écrit avec le président de la Chambre, en joignant les certificats de naturalisation et une preuve d'identité, soit (B) donner cinq shillings au policier. La méthode B est celle habituellement adoptée. Cependant, lors des grands soirs, lorsque la

Chambre des Communes siège et s'apprête à faire quelque chose d'important, comme ratifier un projet de loi sur l'autonomie interne, applaudir ou accueillir une nouvelle députée, il n'est pas possible d'entrer en soudoyant simplement le policier avec de l'argent. cinq shillings ; il faut une livre. Le peuple anglais se plaint amèrement des riches Américains qui ont ainsi corrompu le public londonien. Avant d'être corrompus, ils faisaient n'importe quoi pour six pence.

Cette tendance particulière de la corruption des Américains traverse comme un fil conducteur, je puis dire, à travers toute la texture de la vie anglaise. Parmi ceux qui y ont été principalement exposés se trouvent les domestiques, surtout les majordomes et les chauffeurs, les porteurs d'hôtels, les chasseurs, les porteurs et les gardes des chemins de fer, tous les chauffeurs de taxi, les ouvreurs de bancs, les vicaires, les évêques, et une grande partie des gens. pairie.

Les terribles ravages causés par les Américains à la moralité anglaise sont visibles de partout. Des classes entières de la société sont désespérément touchées. Je l'ai dans le témoignage des Anglais eux-mêmes et il ne semble y avoir aucun doute sur ce fait. Jusqu'à l'arrivée des Américains en Angleterre, le peuple était une race honnête et respectueuse des lois, respectant ses supérieurs et méprisant ceux en dessous d'eux. Ils n'avaient jamais été corrompus par l'argent et leurs employeurs leur témoignaient à cet égard leur plus tendre sollicitude. Puis les Américains sont arrivés. Les serviteurs ont cessé d'être ce qu'ils étaient ; les majordomes ont été désespérément endommagés ; les porteurs d'hôtels sont devenus une épave ; les chauffeurs de taxi se sont révélés des voleurs ; on ne pouvait plus faire confiance aux vicaires pour gérer l'argent ; leurs pairs vendaient leurs filles pour un million de dollars pièce ou trois pour deux. En fait, le royaume tout entier a commencé à se détériorer jusqu'à arriver là où il est aujourd'hui. À l'heure actuelle, après qu'un riche Américain ait séjourné dans une maison de campagne anglaise, ses propriétaires découvrent qu'ils ne peuvent rien faire avec le majordome ; une folie s'est emparée de l'homme. Il y a une agitation dans son comportement et un étrange regard nostalgique dans ses yeux, comme s'il cherchait quelque chose. Dans de nombreux cas, si je comprends bien, après qu'un Américain ait séjourné dans une maison de campagne, le majordome devient fou. On le retrouve dans son garde-manger en train de compter les six pence que lui a données un duc et de rire tout seul. Il doit être pris en charge par la police. Il est généralement accompagné d'un chauffeur dont l'esprit s'est effondré à force de conduire un riche Américain pendant vingt milles ; et le jardinier, qu'on trouve en train d'arracher les framboisiers par les racines pour voir s'il y a de l'argent dessous ; et le vicaire local dont le cerveau s'est effondré ou s'est dilaté, j'oublie, lorsqu'un riche Américain lui a donné cinquante dollars pour sa soupe populaire.

Il y a, il est vrai, quelques classes qui ont échappé à cette contagion, bergers vivant dans les collines, bouviers, marins, pêcheurs, etc. Je me souviens de la première fois que je suis allé dans la campagne anglaise, j'ai été frappé par l'air propre et honnête des visages des gens. J'ai compris exactement où ils l'avaient obtenu : ils n'avaient jamais vu d'Américains. Je me souviens avoir parlé à un vieux paysan du Somerset. "Avez-vous déjà vu des Américains ?" "Non," dit-il, "tu as entendu parler d'eux, maintenant, mais tu ne les as pas vus maintenant." Il était clair que le noble homme n'avait pas été touché par le contact américain.

Or, ce qui est étrange dans cette corruption, c'est que c'est exactement la même idée qui se retrouve de l'autre côté de l'eau. C'est un fait connu que si un jeune lord anglais vient dans une ville américaine, il la met en danger en une semaine. Socialement, tout l'endroit s'effondre. Les filles dont les parents travaillent dans le secteur de la quincaillerie et qui appelaient leur père « pop » commencent à parler de préséance et de savoir si une duchesse douairière viendra dîner devant ou derrière une comtesse charognarde. Après que le jeune seigneur ait assisté à deux danses et à un thé social dans le bâtiment de l'école du dimanche de l'église méthodiste (adultes 25 cents, enfants 10 cents - tous les bienvenus). Les jeunes hommes de la ville n'ont rien d'autre à faire que de le chasser. ou allez plus à l'ouest.

On ne peut donc guère s'étonner que cette corruption générale se soit étendue même aux policiers qui gardent les Chambres du Parlement. D'un autre côté, cette tendance à la corruption ne s'est pas étendue à la politique anglaise. Contrairement à la nôtre, la politique anglaise, on l'entend partout, est pure. Malheureusement, on sait que les nôtres ne le sont pas. La différence semble être que nos politiciens feront n'importe quoi pour de l'argent et que les politiciens anglais ne le feront pas ; ils prennent juste l'argent et ne feront rien pour cela.

D'une manière ou d'une autre, il semble toujours y avoir un intérêt particulier pour les questions politiques anglaises que nous ne trouvons pas ailleurs. Au Canada, notre politique tourne autour de questions telles que le montant des pertes que perdront les Chemins de fer nationaux du Canada par rapport à ce qu'ils pourraient perdre s'ils essayaient réellement; sur la question de savoir si les Grain Growers of Manitoba devraient être autorisés à importer des charrues sans payer de droits ou à payer des droits sans importer les charrues. Nos membres à Ottawa discutent de sujets tels que les subventions aux routes, la culture sèche, la Loi sur les banques et les tarifs sur le matériel. Ces choses me laissent absolument froid. Pour être tout à fait honnête, il y a quelque chose de terriblement plébéien chez eux. Bref, nos politiques sont ce que nous appelons en français le « peuple ».

Mais quand on se tourne vers l'Angleterre, quelle différence frappante ! Les Anglais, avec tout l'immense Empire britannique dans lequel ils peuvent pêcher et le système européen sur lequel s'appuyer, peuvent toujours trouver une sorte de sujet de discussion politique qui a un réel charme. Un mois, vous voyez la politique anglaise se retourner contre l'oasis de Merv et le lendemain contre l'arrière-pays albanais ; ou bien un député se lève à la Chambre des Communes avec un petit morceau de papier à la main et souhaite demander au ministre des Affaires étrangères s'il sait que l'Ahkoond de Swat est mort. Le ministre des Affaires étrangères déclare que le gouvernement ne dispose d'aucune information autre que le fait qu'Ahkoond était mort il y a un mois. Il y a une sensation distincte à la Chambre lorsqu'on réalise que Ahkoond est mort depuis un mois sans que la Chambre sache qu'il était vivant. La sensation est transmise à la presse et les journaux de l'après-midi paraissent avec de gros titres, L'AHKOOND DU SWAT EST MORT. Le public qui n'a jamais entendu parler d'Ahkoond a découvert la tête en un instant pour prier pour l'âme d'Ahkoond. Puis les câbles reprennent le refrain et la nouvelle circule partout dans le monde : L'Ahkoond de Swat est mort.

Il y avait un jour un journaliste et poète canadien qui fut tellement impressionné par la nouvelle de la mort de l'Ahkoond, tellement courbé de regret qu'il n'avait jamais connu l'Ahkoond de son vivant, qu'il écrivit aussitôt un poème à la mémoire de l'Ahkoond de Swat. J'ai toujours pensé que la raison de la grande admiration que les vers de Lannigan ont reçue n'était pas seulement due à l'esprit brillant qui est en eux, mais parce que, dans un sens plus large, ils caractérisent si bien l'ampleur de la politique anglaise. La mort de l'Ahkoond de Swat, et la question de savoir si la Grande-Bretagne devrait soutenir comme successeur Mustalpha El Djin ou Kamu Flaj, voilà quelque chose qui mérite d'être discuté autour d'une table de thé l'après-midi. Mais supposons que l'ensemble des Manitoba Grain Growers meurent. Que pourrait-on en dire ? Ils seraient morts, c'est tout.

C'est ainsi que les gens du monde entier se tournent avec intérêt vers la politique anglaise. Quoi de plus agréable que d'ouvrir un atlas, de découvrir où se trouve le nouveau royaume du Hedjaz, puis de soutenir violemment la revendication britannique d'un protectorat sur celui-ci. En Amérique, nous ne comprenons pas ce genre de choses. Il y a naturellement peu de chances de le faire et nous ne savons pas comment l'utiliser le moment venu. Je me souviens que lorsque l'occasion s'est présentée à propos du grand conflit vénézuélien sur la propriété des jungles et des vasières de la Guyane britannique, les journaux américains ont immédiatement inséré des titres : O EST LA RIVIÈRE ESSIQUIBO ? Cela a tout gâché. Si vous admettez que vous ne savez pas où se trouve un endroit, alors le fond de toute discussion est éliminé. Mais si vous faites semblant de le faire, alors tout va bien. M. Lloyd George aurait provoqué un grand amusement lors de la Conférence de Versailles en admettant qu'il ne savait pas où se trouvait Teschen. Donc, au moins, cela a été rapporté dans les journaux ; et pour autant que je sache, cela aurait même pu être vrai. Mais le plaisir qu'il a suscité ne représentait pas vraiment la moitié de ce qui aurait pu être suscité. Je sais de source sûre que deux des délégués américains ne savaient pas où se trouvait l'Autriche proprement dite et pensaient que l'Italie non rachetée se trouvait à l'est de New York, tandis que le délégué chinois pensait que le Cameroun faisait partie de l'Écosse. Mais ce sont ces petites subtilités géographiques qui donnent du charme à la politique européenne qui manquent à la nôtre pour toujours.

Je ne veux pas dire que la politique anglaise tourne toujours autour des lieux romantiques ou des petites questions. Ce n'est pas le cas. Ils comprennent souvent des questions de la plus grande envergure. Mais lorsque les Anglais introduisent une question très vaste comme base de leur politique, ils aiment en choisir une qui est insoluble. Cela garantit que cela durera. Prenons par exemple les droits de la Couronne contre le peuple. Cela dura cent ans, tout le XVIIe siècle. En Oklahoma ou en Alberta, ils auraient convoqué une convention sur la question, l'auraient réglée en deux semaines et l'auraient gâchée pour une utilisation ultérieure. De la même manière, la Réforme protestante a été utilisée pendant cent ans et le projet de réforme pendant une génération.

À l'heure actuelle, le génie politique des Anglais a choisi comme question politique insoluble le sujet de l'indemnité allemande. L'essence du problème, tel que je le comprends, peut être énoncée comme suit :

Il a été définitivement décidé par la Conférence de Versailles que l'Allemagne paierait aux Alliés 3 912 486 782 421 marks. Je pense que c'est le chiffre correct, même si, bien entendu, je ne parle que de mémoire. Quoi qu'il en soit, le chiffre correct se situe à cent milliards de points près.

Le montant à payer n'a pas été atteint sans de nombreuses discussions. M. Briand, ministre français, aurait avancé le chiffre de 4 281 390 687 471. Mais M. Lloyd George n'a pas voulu le reprendre. Je ne lui en veux pas non plus, à moins qu'il n'ait un panier pour le ramasser.

Le point de vue de Lloyd George était que les Allemands pouvaient très bien payer un montant limité tel que 3 912 486 782 421 marks, mais qu'il n'était pas possible de leur imposer une charge de 4 281 390 687 471 marks.

D'ailleurs, si quelqu'un doute à ce stade de l'exactitude des chiffres qui viennent d'être donnés, il lui suffit de prendre le montant de l'indemnité exprimé en marks-or, puis de le multiplier par la valeur actuelle du mark et il constatera à son grand regret que les chiffres sont exacts. S'il n'est toujours pas satisfait, je le renvoie à un livre de Logarithmes. S'il n'est pas satisfait de cela, je le renvoie à tout travail sur les sections coniques et s'il n'est pas convaincu, je le renvoie si loin qu'il ne reviendra jamais.

L'indemnité étant ainsi fixée, la question suivante est celle du mode de perception. En premier lieu, il n'est pas question d'autoriser les Allemands à payer en espèces. S'ils font cela, ils ne feront que gonfler les Anglais au-delà de ce qui est supportable. L'Angleterre est gonflée depuis maintenant huit ans et en a assez.

En deuxième lieu, il est entendu qu'il ne suffirait pas que les Allemands offrent du charbon pour une valeur de 4.218.390.687.471 marks. C'est plus que ce dont le pays a besoin.

De plus, si les Anglais veulent du charbon, ils proposent de l'acheter de manière ordinaire et décente chez un marchand de charbon chrétien de leur propre pays. Ils n'ont pas l'intention de ruiner leur propre industrie charbonnière dans le seul but d'accroître la prospérité de la nation allemande.

Ce que je dis du charbon s'applique avec la même force à toute offre de nourriture, de céréales, de pétrole, de gaz ou de tout autre produit naturel. Le paiement dans l'un de ces cas sera strictement refusé. Même aujourd'hui, c'est tout ce que les agriculteurs britanniques peuvent faire pour vivre, et pour certains, c'est même plus. Beaucoup d'entre eux doivent vendre leurs moteurs et leurs pianos et envoyer leurs fils travailler à l'université. Dans le même temps, le producteur allemand, en abaissant de plus en plus la marque, est capable de travailler quatorze heures par jour. Cet argument n'est peut-être pas tout à fait correct, mais je le prends tel que je le trouve dans la presse de Londres. Que je le dise correctement ou non, il est évident que le problème est insoluble. C'est tout ce qu'il faut pour une politique de première classe.

Une très bonne question comme la question allemande des réparations durera un siècle. Sans aucun doute, en l'an 2000 après JC, un chancelier de l'Échiquier britannique expliquera encore que le gouvernement est pleinement résolu à ce que l'Allemagne paie jusqu'au dernier sou (acclamations) : mais que les ministres n'ont pas l'intention de permettre au paiement allemand de prendre une forme cela sapera l'industrie britannique (applaudissements chaleureux) : que l'indemnité allemande sera payée de telle sorte que, sans affaiblir la puissance des Allemands, acheter chez nous augmentera notre pouvoir de leur vendre.

De telles questions durent éternellement.

D'un autre côté, parfois, par pure insouciance, une question se règle et sort du champ politique. C'est ce qui, nous semble-t-il, est arrivé à la question irlandaise. C'est réglé. Un groupe de délégués irlandais et de ministres britanniques se sont réunis autour d'une table et ont réglé le problème. Le règlement a depuis été célébré lors d'une manifestation de fraternité des Irlandais-Américains de New York, qui n'a fait que six victimes. La question irlandaise entre désormais dans l'histoire. Il peut y avoir d'étranges combats le long de la frontière de l'Ulster, ou une petite guerre civile avec peut-être une petite révolution de temps en temps, mais en termes de question, l'affaire est terminée.

Je dois dire que, pour ma part, je suis vraiment désolé de penser que la question irlandaise a disparu. Cela va beaucoup nous manquer. Les sociétés de débat qui en ont prospéré depuis 1886 seront détruites faute de cela. Les dîners perdront désormais la moitié de l'éclat de leur conversation. Il ne sera plus possible d'utiliser de vieilles remarques telles que : « Après tout, les Irlandais sont un peuple doué » ou : « Vous devez vous rappeler que cinquante pour cent des grands généraux anglais étaient irlandais. »

Le règlement s'est avéré être une affaire très simple. L'Irlande reçut simplement le statut de dominion. Ce que c'est, personne ne le sait, mais cela signifie que les Irlandais l'ont maintenant compris et qu'ils sombrent du haut rang qu'ils occupaient sous la lumière blanche de la publicité au niveau des Canadiens ou des Néo-Zélandais.

On peut se demander s'il est tout à fait approprié de régler les problèmes en lui conférant le statut de dominion. C'est une pratique qui est vouée à se répandre. La rumeur dit qu'il est maintenant envisagé de conférer le statut de dominion à l'arrondissement de Poplar et aux étudiants de premier cycle de Cambridge. Il semble même que lors de la récente conférence sur le désarmement, l'Angleterre ait proposé de conférer le statut de dominion aux États-Unis. Le président Harding l'aurait certainement accepté immédiatement sans la protestation de M. Briand, qui prétendait qu'une telle offre devait être accompagnée de l'autorisation d'augmenter les pompiers français de cinquante pour cent.

Il est également déplorable qu'au moment même où la question irlandaise s'éteignait, la question navale, qui durait depuis près de cinquante ans, soit complètement effacée par le désarmement. Désormais, l'alarme d'une invasion appartient au passé et l'intervention de la marine est pratiquement inutile. Au-delà du maintien d'une flotte en mer du Nord et d'une autre en Méditerranée, et du maintien d'une patrouille tout autour du bord de l'océan Pacifique, la Grande-Bretagne cessera d'être une puissance navale. Une simple dépense annuelle de cinquante millions de livres sterling suffira pour le maigre semblant de préparation navale qu'une nation désarmée devra maintenir.

Cette chose aussi a été une surprise, ou du moins une surprise pour le grand public qui ignore les rouages de la diplomatie. Ceux qui connaissent de telles choses savaient parfaitement ce qui se passerait si un grand nombre de marins, de diplomates et de journalistes britanniques étaient exposés à l'hospitalité de Washington. Les Britanniques et les Américains se ressemblent. Vous ne pouvez pas les conduire, les diriger ou les contraindre, mais si vous leur donnez un cigare, ils feront n'importe quoi. L'histoire intérieure de la conférence commence tout juste à être connue. Mais on murmure qu'immédiatement après son arrivée, M. Balfour reçut un cigare du président Harding. M. Balfour proposa aussitôt de démolir cinq navires et invita tout le cabinet américain à l'ambassade britannique, où Sir A. Geddes eut l'imprudence de leur offrir du champagne.

Les délégués américains proposèrent immédiatement de démolir dix navires. M. Balfour, qui ne peut tout simplement pas être en reste en matière de courtoisie internationale, a vu le chiffre dix et l'a porté à vingt. Le président Harding a vu les vingt, les a portés à trente et a envoyé chercher d'autres jetons de poker.

À la fin de la pièce, Lord Beatty, qui est l'urbanité elle-même, a proposé de démolir le chantier naval de Portsmouth et a demandé si quelqu'un présent aimerait le Canada. Le président Harding a répondu avec son tact habituel que si l'Angleterre voulait les Philippines, il penserait que c'était ce qu'il appellerait un résidu de normalité que de les céder. On ne sait pas ce qui aurait pu se passer si M. Briand n'était pas intervenu pour dire que tout transfert des Philippines doit être considéré comme le signal d'une augmentation de vingt pour cent des Boy Scouts de France. Pour conclure avec tact cette affaire, le président Harding a élevé M. Balfour à la pairie.

Dans l'état actuel des choses, le désarmement qui accompagne le règlement irlandais laisse la politique anglaise dans un mauvais état. La situation générale est trop paisible. On cherche presque en vain ces « relations tendues » qui constituaient autrefois la base même de la politique étrangère anglaise. Je ne vois la lumière pour la politique anglaise que dans une seule direction : celle de la Tchéco-Slovaquie. Il semble que la Tchéco-Slovaquie doive au Trésor britannique cinquante millions de livres sterling. Je ne peux pas citer le chiffre exact, mais c'est soit cinquante millions, soit cinquante milliards. Dans les deux cas, la Tchéco-Slovaquie n'est pas en mesure de payer. L'annonce vient d'être faite par M. Sgitzch, le nouveau trésorier, que le pays est en faillite ou du moins qu'il voit comment y parvenir dans une semaine.

Les milieux de la City ont immédiatement fait état de "relations tendues" entre la Grande-Bretagne et la Tchéco-Slovaquie. Maintenant, ce que je conseille, c'est que si les relations sont tendues, gardez-les ainsi. L'Angleterre a perdu presque toutes les relations tendues qu'elle a jamais eues ; laissez-la chérir le peu qu'elle a encore. Je sais qu'il y a d'autres opinions. La suggestion a été immédiatement faite d'organiser une "table ronde", au cours de laquelle tout cela pourrait être librement discuté sans protocoles formels et sans qu'une sorte de "gentleman's Agreement" soit conclu. Je dis, ne le fais pas. L'Angleterre est ruinée par ces tables rondes. Ils sont assis au Caire, à Calcutta et au Cap, remplissant tous les meilleurs hôtels et mangeant la substance des contribuables.

On me dit que Lloyd George a proposé d'aller en Tchéco-Slovaquie. Il devrait être arrêté. On dit que le professeur Keynes a prouvé que la meilleure façon de régler la dette de la Tchéco-Slovaquie est de lui envoyer tout l'argent qui nous reste, bouleversant ainsi les échanges pour elle et la forçant à acheter tous ses cadeaux de Noël en Manchester.

Il est plus sage de ne rien faire de tel. L'Angleterre devrait leur envoyer un bon vieux ultimatum, mobiliser tous les officiers de marine des hôtels Embankment, augmenter l'impôt sur le revenu de six pence supplémentaires et les défier.

Si cela était réalisé, cela pourrait constituer une première étape réussie pour ramener la politique anglaise au niveau élevé d'intérêt conversationnel d'où elle menace de chuter.

V.
Oxford tel que je le vois

MA station privée étant celle de professeur d'université, j'étais naturellement profondément intéressé par le système éducatif en Angleterre. J'ai donc été amené à faire une visite spéciale à Oxford et à soumettre l'endroit à un examen minutieux. Arrivé un après-midi à quatre heures, je restai à l'hôtel Mitre et ne repartis qu'à onze heures du matin suivant. Tout ce temps, à l'exception d'une heure passée à s'adresser aux étudiants de premier cycle, était consacré à une étude approfondie et passionnée de la grande université. Si j'ajoute à cela que j'avais déjà visité Oxford en 1907 et passé un dimanche à All Souls avec le colonel LS Amery, on voit immédiatement que mes opinions sur Oxford sont basées sur des observations s'étalant sur quatorze années.

En tout cas, je peux au moins affirmer que ma connaissance de l'université britannique constitue une base de réflexion et de jugement tout aussi bonne que celle des nombreux critiques anglais qui viennent de notre côté de l'eau. J'ai connu un auteur anglais célèbre qui arrivait à l'Université Harvard le matin, déjeunait avec le président Lowell, puis écrivait un chapitre entier sur l'excellence de l'enseignement supérieur en Amérique. J'en ai vu un autre venir à Harvard, déjeuner avec le président Lowell et rédiger un livre entier sur le déclin des études sérieuses en Amérique. Ou prenons le cas de ma propre université. Je me souviens que M. Rudyard Kipling était venu à McGill et avait déclaré dans son discours aux étudiants de premier cycle à 14 h 30 : « Vous avez ici une grande institution. Mais comment a-t-il pu recueillir cette information ? Pour autant que je sache, il a passé toute la matinée avec Sir Andrew Macphail dans sa maison à côté du campus, à fumer des cigarettes. Quand j'ajoute qu'il a clairement refusé de visiter le Musée paléontologique, qu'il n'a rien vu de notre nouvel appareil hydraulique, ni de nos cours de sciences domestiques, son jugement selon lequel nous avions ici une grande institution semble un peu superficiel. Je ne peux que mettre à côté, pour le racheter dans une certaine mesure, le jugement hâtif et mal formé exprimé par Lord Milner : « McGill est une noble université » ; et l'expression téméraire et indiscrète du prince de Galles, lorsque nous lui avons donné un LL.D. diplôme, "McGill a un avenir glorieux".

À mon avis, ces jugements irréfléchis sur notre grande université sont nuisibles, et j'ai donc décidé que tout ce que je disais à propos d'Oxford devait être le résultat d'une observation réelle et d'une étude réelle basée sur une résidence authentique à l'hôtel Mitre.

Fort de cette expérience, je suis prêt à faire les déclarations positives et catégoriques suivantes. Oxford est une université noble. Il a un grand passé.

C'est actuellement la plus grande université du monde : et il est fort possible qu'elle ait un grand avenir. Oxford forme des chercheurs de type réel mieux que n'importe quel autre endroit au monde. Ses méthodes sont désuètes. Il méprise la science. Ses cours sont pourris. Il y a des professeurs qui n'enseignent jamais et des étudiants qui n'apprennent jamais. Il n'y a ni ordre, ni arrangement, ni système. Son programme est inintelligible. Il n'y a pas de président. Il n'a pas de législature d'État pour lui dire comment enseigner, et pourtant, il y arrive. Que cela nous plaise ou non, Oxford donne à ses étudiants quelque chose, une vie et un mode de pensée, que nous pouvons encore imiter en Amérique, mais pas égaler.

Si quelqu'un en doute, qu'il aille prendre une chambre à l'hôtel Mitre (dix et six pour une chambre à lambris, époque de Charles Ier) et étudie les lieux par lui-même.

Ces résultats singuliers obtenus à Oxford sont d'autant plus surprenants si l'on considère les conditions pénibles dans lesquelles travaillent les étudiants. Le manque de fonds de construction suffisants les oblige à continuer à travailler dans les mêmes bâtiments anciens qu'ils possèdent depuis des siècles. Les bâtiments du Brasenose College n'ont pas été rénovés depuis 1525. Au New College et à Magdalen, les étudiants sont toujours logés dans les anciens bâtiments érigés au XVIe siècle. À Christ Church, on m'a montré une cuisine qui avait été construite aux frais du cardinal Wolsey en 1527. Aussi incroyable que cela puisse paraître, ils n'ont pas d'autre endroit pour cuisiner que celui-ci et sont obligés de l'utiliser aujourd'hui. Le jour où j'ai vu cette cuisine, quatre cuisiniers étaient occupés à rôtir un bœuf entier pour le déjeuner des étudiants : c'est du moins ce que je supposais qu'ils faisaient à la taille de la cheminée utilisée, mais ce n'était peut-être pas un bœuf; c'était peut-être une vache. Sur une immense table de douze pieds sur six et faite de plaques de bois de cinq pouces d'épaisseur, deux autres cuisiniers étalaient une tourte au gibier. Je l'ai estimé à trois pieds de diamètre. De cette manière grossière, inchangée depuis l'époque d'Henri VIII, les malheureux étudiants d'Oxford sont nourris. Je ne pouvais m'empêcher de faire un contraste avec les petites pensions douillettes de Cottage Grove Avenue où je mangeais lorsque j'étais étudiant à Chicago, ou avec les charmantes petites salles à manger au sous-sol des pensions d'étudiants de Toronto. Mais bien entendu, Henri VIII n'a jamais vécu à Toronto.

Le même manque de fonds de construction oblige les étudiants d'Oxford à vivre dans les mêmes vieilles pensions qu'ils avaient aux XVIe et XVIIe siècles. Techniquement, ils sont appelés « quadrilatères », « clôtures » et « chambres » ; mais je suis tellement habitué à l'usage de mes années d'étudiant que je ne peux m'empêcher de les appeler des pensions. Dans beaucoup d'entre eux, le vieil escalier a été usé par les pieds de dix générations d'étudiants : les fenêtres ont de petits carreaux grillagés : il y a des noms anciens gravés çà et là sur la pierre, et une épaisse végétation de lierre recouvre les murs. La pension du St. John's College date de 1509, celle de Christ Church de la même période. Quelques centaines de milliers de livres suffiraient pour remplacer ces vieux bâtiments par des structures soignées en acier et en brique, comme l'école normale de Schenectady, dans l'État de New York, ou la Peel Street High School à Montréal. Mais rien n'est fait. Un mouvement a bien été tenté l'automne dernier pour enlever le lierre des murs, mais le résultat n'a pas été satisfaisant et on est en train de le remettre. N'importe qui aurait pu leur dire à l'avance que le simple fait d'enlever le lierre n'éclairerait pas Oxford, à moins qu'en même temps on ne débarrasse les pierres des vieilles inscriptions, qu'on installe des échelles de secours en acier et qu'on amène en fait les pensions jusqu'à la hauteur. date.

Mais Henri VIII étant mort, rien ne fut fait. Pourtant, malgré ses bâtiments délabrés et son manque de sorties de secours, de ventilation, d'assainissement et d'installations de cuisine modernes, je persiste dans mon affirmation selon laquelle je crois qu'Oxford, à sa manière, est la plus grande université du monde. . Je suis conscient qu'il s'agit d'une déclaration extrême qui nécessite une explication. Par exemple, Oxford est beaucoup plus petite en nombre que l'Université d'État du Minnesota et est beaucoup plus pauvre. Elle compte, ou comptait jusqu'à hier, moins d'étudiants que l'Université de Toronto. Mentionner Oxford à côté des 26 000 étudiants de l'Université de Columbia semble ridicule. En termes d'argent, la dotation de 39 millions de dollars de l'Université de Chicago, celle de 35 millions de dollars de Columbia et les 43 millions de dollars de Harvard semblent ne laisser Oxford nulle part. Mais ce qui est étrange, c'est que ce n'est nulle part. Par un processus étrange qui lui est propre, il semble y arriver à chaque fois. Il était donc du plus grand intérêt pour moi, en tant qu'érudit approfondi, d'essayer d'étudier comment surgit cette excellence particulière d'Oxford.

Cela ne peut guère être dû à quoi que ce soit dans le programme d'études ou le programme d'études. En effet, pour quiconque est habitué aux meilleurs modèles de cursus universitaire, tels qu'ils fleurissent aux États-Unis et au Canada, le programme d'études est franchement assez risible. Il y a moins de sciences appliquées dans cet endroit qu'on n'en trouverait chez nous dans un collège théologique. Rares sont les professeurs d'Oxford qui reconnaîtraient une dynamo s'il la rencontrait en plein jour. L'étudiant d'Oxford n'apprend rien de la chimie, de la physique, du chauffage, de la plomberie, du câblage électrique, des installations de gaz ou de l'utilisation d'un chalumeau. N'importe quel étudiant américain peut conduire une automobile, démonter un moteur à essence, réparer un lave-linge sur un robinet de cuisine, réparer une cloche électrique cassée et donner un avis d'expert sur ce qui ne va pas avec le four. Ce sont en effet ces choses qui le marquent comme un collégien et qui suscitent un orgueil très pardonnable dans l'esprit de ses parents.

Mais dans tout cela, l'étudiant d'Oxford n'est qu'un simple amateur.

C'est déjà assez grave. Mais après tout, on pourrait dire qu'il ne s'agit là que de l'aspect mécanique de l'éducation. C'est vrai : mais on cherche en vain dans le programme d'études d'Oxford une reconnaissance adéquate des études supérieures et plus cultivées. Aussi étrange que cela nous paraisse de ce côté-ci de l'Atlantique, il n'y a pas de cours à Oxford sur l'entretien ménager, ni sur la vente, ni sur la publicité, ni sur la religion comparée, ni sur l'influence de la presse. Il n'y a aucune conférence sur le comportement humain, sur l'altruisme, sur l'égoïsme ou sur le jeu des animaux sauvages. Apparemment, l'étudiant d'Oxford n'apprend pas ces choses. Cela le coupe d'une grande partie de la culture plus large de notre côté de l'Atlantique. "Qu'est-ce que tu étudies cette année ?" J'ai demandé un jour à un étudiant de quatrième année dans l'un de nos grands collèges. "J'élis l'art de la vente et la religion", répondit-il. Voilà un jeune homme dont la formation était destinée inévitablement à faire de lui un homme d'affaires moral : ça ou rien. A Oxford, la vente n'est pas enseignée et la religion prend la forme faible du Nouveau Testament. Plus on regarde ces choses, plus il devient étonnant qu'Oxford puisse produire n'importe quel résultat.

L'effet de la comparaison est renforcé par la place particulière qu'occupent à Oxford les cours des professeurs. Dans les collèges du Canada et des États-Unis, les cours magistraux sont censés constituer une partie vraiment nécessaire et utile de la formation de l'étudiant. J'ai entendu à maintes reprises les diplômés de mon propre collège affirmer qu'ils avaient retiré autant, ou presque autant, des cours magistraux à l'université que de l'athlétisme, de la société des lettres grecques ou du Banjo and Mandolin Club. Bref, chez nous les cours constituent une véritable partie de la vie universitaire. A Oxford, il n'en est pas ainsi. Les cours, je crois, sont donnés et peuvent même être suivis. Mais ils ne valent absolument rien et ne sont pas censés avoir grand-chose à voir avec le développement de l'esprit de l'étudiant. "Les cours ici", m'a dit un étudiant canadien, "sont punk". J'ai fait appel à un autre élève pour savoir si tel était le cas. "Je ne sais pas si je les qualifierais exactement de punk", répondit-il, "mais ils sont certainement pourris." D'autres jugements étaient que les cours n'avaient aucune importance : que personne ne les prenait : qu'ils n'avaient pas d'importance : que vous pouvez les suivre si vous le souhaitez : qu'ils ne vous faisaient aucun mal.

Il semble en outre que les professeurs eux-mêmes n'aiment pas leurs cours. Si les conférences sont nécessaires, ils les donnent ; sinon, les sentiments du professeur ne sont pas blessés. Il attend simplement et repose son cerveau jusqu'à ce que, plus tard, les étudiants l'appellent pour ses cours. Il y a des hommes à Oxford qui reposent ainsi leur cerveau depuis plus de trente ans : on dit que la puissance cérébrale accumulée ainsi retenue est colossale.

Je comprends que la clé de ce mystère se trouve dans les opérations de celui qu'on appelle le tuteur. C'est de lui, ou plutôt avec lui, que les élèves apprennent tout ce qu'ils savent : tout le monde est d'accord là-dessus. Pourtant, il est un peu étrange de savoir exactement comment il procède. "Nous allons dans ses appartements", a déclaré un étudiant, "et il allume une pipe et nous parle." "Nous nous asseyons avec lui", a déclaré un autre, "et il fume simplement et passe en revue nos exercices avec nous." À partir de cela et d'autres preuves, je déduis que ce que fait un tuteur d'Oxford, c'est rassembler un petit groupe d'étudiants et leur fumer dessus. Les hommes qui ont été systématiquement fumés pendant quatre ans se transforment en érudits mûrs. Si quelqu'un en doute, qu'il aille à Oxford et qu'il puisse voir la chose réellement en fonctionnement. Un homme bien fumé parle et écrit l'anglais avec une grâce qu'on ne peut acquérir autrement.

Dans ce qui a été dit ci-dessus, il me semble avoir adressé des critiques aux professeurs d'Oxford en tant que tels : mais je n'ai pas l'intention de le faire. Pour le professeur d'Oxford et toute sa manière d'être, je n'ai qu'un profond respect. Il y a en effet la plus grande différence entre l'idée américaine moderne du professeur et l'idée anglaise. Mais même chez nous, autrefois, à l'époque où des gens comme Henry Wadsworth Longfellow étaient professeurs, on retrouvait l'idée anglaise ; un professeur était censé être une personne vénérable, avec des moustaches blanches comme neige atteignant son ventre. On s'attendait à ce qu'il se promène sur le campus, inconscient du monde qui l'entoure. Si vous lui faites un signe de la tête, il ne vous voit pas. De l'argent, il ne savait rien ; des affaires, bien moins. Il était, comme ses administrateurs étaient fiers de le dire, « un enfant ».

D'un autre côté, il contenait en lui un réservoir de connaissances d'une telle profondeur qu'il était pratiquement sans fond. Aucun de ces apprentissages n'était censé apporter un bénéfice matériel ou commercial à qui que ce soit. Son utilité était de sauver l'âme et d'élargir l'esprit.

A la tête d'un tel groupe de professeurs se trouvait un professeur dont la barbe était encore plus blanche et plus longue, dont l'absence d'esprit était encore plus grande et dont la connaissance de l'argent, des affaires et des affaires pratiques était inférieure à zéro. Lui, ils l'ont fait président.

Tout cela a changé en Amérique. Un professeur d'université est désormais une personne occupée et agitée, se rapprochant autant que possible d'un homme d'affaires. C'est sur l'homme d'affaires qu'il se modèle. Il a un petit endroit qu'il appelle son « bureau », avec une machine à écrire et un sténographe. Ici, il s'assoit et dicte des lettres, en commençant par les meilleurs modèles commerciaux, "en référence au huitième ult., dirait-on, etc., etc." Il écrit ces lettres aux étudiants, à ses confrères professeurs, au président, voire à toutes personnes qui le laisseront leur écrire. Le nombre de lettres qu'il écrit chaque mois est dûment compté et porté à son crédit. S'il écrit suffisamment, il se forgera une réputation de « cadre » et de grandes choses pourraient lui arriver. On lui demandera peut-être même de quitter l'université et d'accepter un poste de « cadre » dans une société de savon ou une agence de publicité. En bref, l'homme est un « arnaqueur », un « annonceur » dont le but le plus élevé est d'être un « fil conducteur ». S'il ne l'est pas, il sera immédiatement licencié, ou, pour utiliser le terme commercial, « relâché », par un conseil d'administration qui sont eux-mêmes des arnaqueurs et des fils sous tension. Quant à l'âme du professeur, il n'a plus besoin d'y penser puisqu'elle a été livrée avec toutes les autres à un Conseil de censure.

Le professeur américain traite ses étudiants selon ses lumières. C'est son affaire de les poursuivre sur un terrain prescrit à un rythme prescrit comme un troupeau de moutons. Ils franchissent tous les obstacles ensemble, le professeur les poursuivant avec une série de « tests » et de « récitations », de « notes » et de « présences », le tout étant évidemment copié sur l'horloge de l'usine de l'homme d'affaires. Ce processus est ce qu'on appelle « montrer les résultats ». Le rythme imposé est nécessairement celui du plus lent, et aboutit ainsi à ce que j'ai entendu M. Edward Beatty décrire comme le « système d'éducation en convoi ».

Selon moi, après cinquante-deux ans de réflexion approfondie, ce système contient en lui-même les germes de la destruction. Cela met l'accent sur l'ennui et pénalise le génie. Il limite cette latitude d'esprit qui est le véritable esprit d'apprentissage. Si nous persistons dans cette voie, nous découvrirons bientôt que le véritable savoir s'envolera de nos universités et s'arrêtera là où un esprit individuel et curieux pourra tracer son chemin.

Or, la principale raison pour laquelle je suis amené à admirer Oxford est que cet endroit est encore peu touché par la mesure des « résultats » et par cette passion pour une « efficacité » visible et prouvable. Tout le système d'Oxford est de nature à valoriser le génie et à laisser libre cours à la médiocrité et à l'ennui. Oxford, après un laps de temps approprié, confère à l'étudiant ennuyeux un diplôme qui ne signifie rien d'autre que le fait qu'il a vécu et respiré à Oxford et qu'il est resté hors de prison. Pour de nombreux étudiants, c'est tout ce que la société peut espérer. Mais pour les étudiants doués, Oxford offre de grandes opportunités. Il n'est pas question qu'il reste en retrait jusqu'à ce que le dernier mouton ait sauté par-dessus la clôture. Il n'a besoin d'attendre personne. Il peut avancer aussi vite qu'il le souhaite, en suivant les orientations de son génie. S'il possède en lui des capacités qui dépassent celles du commun des mortels, son précepteur, intéressé par ses études, lui fumera dessus jusqu'à ce qu'il l'allume en flammes. Car l'âme du tuteur n'est pas harcelée par le fait de rassembler des étudiants ennuyeux, avec le licenciement qui ne tient qu'à un fil au-dessus de sa tête dans la salle de classe. Le professeur américain n'a pas le temps de s'intéresser à un étudiant intelligent. Il a le temps de s'intéresser à son « comportement », à sa rédaction de lettres, à son travail de direction, à sa capacité d'organisation et à son espoir d'être promu dans une fabrique de savon. Mais avec cela, son esprit est épuisé. L'étudiant de génie signifie pour lui simplement un étudiant qui ne pose aucun problème, qui réussit tous ses « tests » et est présent à toutes ses « récitations ». Un tel étudiant aussi, s'il peut être formé pour devenir un arnaqueur et un publicitaire, « réussira » sans aucun doute. Mais au-delà de ça, le professeur ne pense pas à lui. Le principe éternel de l'égalité s'est inséré là où il n'a pas le droit d'être et où l'inégalité est le souffle de la vie.

Les administrateurs d'universités américaines ou canadiennes seraient horrifiés à l'idée de professeurs qui ne font apparemment aucun travail, donnent peu ou pas de cours et touchent leur salaire simplement pour exister. Pourtant, ce sont vraiment les seuls types de professeurs qui valent la peine d'être eus, je veux dire des hommes à qui l'on peut confier une vague mission générale dans la vie, un salaire garanti au moins jusqu'à leur mort et une sphère de devoirs confiée uniquement à leur propre conscience. et les incitations de leurs propres désirs. De tels hommes sont rares, mais un seul d'entre eux, une fois trouvé, vaut dix « cadres » et une douzaine d'« organisateurs ».

L'excellence d'Oxford réside donc, à mon avis, dans le flou particulier de l'organisation de son travail. Elle part de l'hypothèse que le professeur est un homme véritablement instruit dont le seul intérêt réside dans son propre domaine : et qu'un étudiant, ou du moins le seul étudiant avec lequel l'université se soucie de compter sérieusement, est un jeune homme qui désire savoir . Il s'agit là d'une ancienne attitude médiévale enfouie depuis longtemps dans des lieux plus modernes, sous les strates successives de l'enseignement obligatoire, de l'enseignement public, de la démocratisation du savoir et de la substitution de l'ombre à la substance et de l'écrin au joyau. Sans aucun doute, dans les endroits plus récents, il doit en être ainsi. L'enseignement supérieur en Amérique prospère principalement comme une qualification permettant d'accéder à une profession lucrative, et non comme une chose en soi. Mais à Oxford, on peut encore voir les contours d'un type de structure plus noble et d'une inspiration plus élevée.

Je ne veux pas dire, cependant, que mon jugement sur Oxford n'est qu'un flot d'éloges purs. Sur un point au moins, je pense qu'Oxford s'est éloigné des idéaux élevés du Moyen Âge. Je fais référence au fait qu'il admet des étudiantes à ses études. Au Moyen Âge, les femmes étaient considérées avec une chevalerie particulière, perdue depuis longtemps. Il était tenu pour acquis que leur cerveau était trop délicatement préparé pour leur permettre d'apprendre quoi que ce soit. On présumait que leurs esprits étaient si exquis que l'effort intellectuel pouvait les perturber. L'époque actuelle est allée à l'autre extrême : et cela ne se voit nulle part plus que dans l'encombrement des femmes dans les collèges initialement conçus pour les hommes. Oxford, je le constate avec regret, ne s'est pas opposé à ce changement.

Pour un érudit profond comme moi, la présence de ces jeunes femmes, pour la plupart très attirantes, voltigeant dans les rues d'Oxford avec leurs casquettes et leurs robes, est très pénible.

Je ne sais pas qui est responsable de cela et comment ils sont entrés pour la première fois. Mais je comprends qu'ils ont d'abord construit leur propre collège privé près d'Oxford, puis se sont avancés pied à pied. S'il en est ainsi, ils n'ont fait que suivre le précédent de la méthode reconnue en usage en Amérique. Lorsqu'un collège américain est créé, les femmes vont construire leur propre collège surplombant le terrain. Ensuite, ils enfilent des casquettes et des robes et se lèvent et regardent par-dessus la clôture les sports universitaires. Les étudiants de sexe masculin, qui étaient à l'origine et par nature robustes, n'étaient pas facilement dérangés. Mais inévitablement, certains des administrateurs principaux tombèrent amoureux des filles de première année et furent convaincus que la mixité était une noble cause. Les statistiques américaines montrent qu'entre 1880 et 1900, le nombre d'administrateurs et de professeurs principaux qui épousaient des filles étudiantes ou qui voulaient le faire atteignait un pourcentage de... j'oublie le pourcentage exact ; c'était soit une centaine, soit un peu plus.

Je ne sais pas exactement ce qui s'est passé à Oxford, mais il est probable que quelque chose de ce genre s'est produit. En tout cas, les femmes sont désormais partout. Ils assistent aux cours du collège, rament sur un bateau et se promènent dans High Street. Elles proposent même une sérieuse compétition face aux hommes. L'année dernière, ils ont remporté le championnat de ping-pong et le prix du chancelier pour les travaux d'aiguille, tandis que dans la musique, la cuisine et la chapellerie, on dit que les hommes ne sont nulle part.

Il ne fait aucun doute que si Oxford n'expulse pas les femmes pendant qu'il en est encore temps, elles envahiront toute l'université. Ce que cela signifie pour le progrès de l'apprentissage, peu de gens peuvent le dire et ceux qui le savent ont peur de le dire.

L'Université de Cambridge, je suis heureux de le constater, s'oppose toujours sévèrement à cette innovation. Je suis réticent à considérer une quelconque supériorité à l'Université de Cambridge. Ayant visité Oxford à deux reprises, ayant fait de cet endroit un sujet d'étude approfondie pendant de nombreuses heures, m'étant adressé à deux reprises à ses étudiants de premier cycle et ayant séjourné à l'hôtel Mitre, je me considère comme un homme d'Oxford. Mais je dois admettre que Cambridge a choisi la partie la plus sage.

L'automne dernier, alors que j'étais à Londres pour mon voyage de découverte, un vote a eu lieu à Cambridge pour voir si les femmes qui ont déjà un collège privé à proximité devraient être admises à l'université. Ils furent triomphalement exclus ; et comme un signe d'enthousiasme approprié, les étudiants de premier cycle se sont précipités en masse et ont démoli les portes du collège des femmes. Je sais que c'est une chose terrible de dire que quelqu'un a approuvé cela. Tous les journaux de Londres publiaient des titres qui disaient : NOS Étudiants se transforment-ils en babouins ? et ainsi de suite. Le Manchester Guardian a drapé ses pages de noir et même le London Morning Post a eu peur de prendre des positions audacieuses en la matière. Mais je sais aussi qu'il y avait beaucoup de rires secrets et de jubilation dans les clubs londoniens. Rien n'a été exprimé ouvertement. Les hommes d'Angleterre ont été trop terrorisés par les femmes pour cela.

Mais dans les coins sûrs du club, hors de portée de voix des serveurs et loin des inconnus, de petits groupes d'hommes âgés riaient doucement ensemble. « Vous avez renversé leurs portes, hein ? » » se disaient entre eux les méchants vieillards, puis murmuraient d'un air coupable derrière une main levée : « Servez-les bien. Personne n'osait rien dire dehors. S'ils l'avaient eu, quelqu'un se serait levé et aurait posé une question à la Chambre des communes. Lorsque cela sera fait, toute l'Angleterre tombera à plat ventre.

Mais pour ma part, lorsque j'ai entendu parler du vote de Cambridge, j'ai ressenti la même chose que Lord Chatham lorsqu'il a déclaré au Parlement : « Monsieur, je me réjouis que l'Amérique ait résisté. » Car j'ai depuis longtemps mes propres opinions sur l'éducation supérieure des femmes. Mais de nos jours, il faut beaucoup de hardiesse pour formuler un seul mot de critique à son encontre. C'est comme jeter une demi-brique à travers la verrière d'une véranda. Cela créera forcément des ennuis. Permettez-moi donc de dire que je crois de tout cœur à l'éducation supérieure des femmes ; en fait, plus c'est élevé, mieux c'est. La seule question qui me vient à l'esprit est la suivante : qu'est-ce que « l'enseignement supérieur » et comment l'obtenir ? D'où vient la question secondaire : Qu'est-ce qu'une femme et est-elle la même qu'un homme ? Je sais que cela semble terrible à dire de nos jours, mais je ne crois pas qu'elle le soit.

Permettez-moi de dire aussi que lorsque je parle de mixité, je parle de ce que je sais. J'ai moi-même été mixte il y a trente-cinq ans, au tout début de l'histoire. J'ai appris mon grec aux côtés d'une bande de beautés sur les bancs d'en face qui nous ont très mal écrasé les verbes irréguliers. À propos, ces filles sont toutes mariées depuis longtemps, et tout le grec qu'elles connaissent maintenant pourrait être mis sous un dé à coudre. Mais de cela actuellement.

J'ai également eu d'autres expériences. J'ai passé trois ans à l'école supérieure de Chicago, où les filles mixtes étaient aussi épaisses que des feuilles d'automne, et certaines plus épaisses. Et en tant que professeur collégial à l'Université McGill à Montréal, j'enseigne depuis vingt ans à des classes mixtes d'hommes et de femmes.

Sur la base de cette expérience, je dis avec assurance que la chose est une erreur et n'a rien d'autre à recommander que son prix relativement bas. Permettez-moi d'insister sur ce dernier point et d'en finir avec cela. La mixité est bien sûr une grande économie. Enseigner à dix hommes et dix femmes dans une seule classe de vingt personnes ne coûte que la moitié du prix d'enseigner à deux classes. Là où l'économie doit régner, la chose doit donc être. Mais lorsque la discussion ne porte pas sur ce qui est le moins cher, mais sur ce qui est le mieux, la situation est alors entièrement différente.

Le problème fondamental est que les hommes et les femmes sont des créatures différentes, avec des esprits différents, des aptitudes différentes et des chemins de vie différents. Il n'est pas nécessaire de soulever ici la question de savoir ce qui est supérieur et ce qui est inférieur (même si je pense, que Dieu me vienne en aide, que je connais aussi la réponse à cette question). Le fait est qu'ils sont différents.

Mais la folle passion pour l'égalité a masqué cette évidence. Lorsque les femmes ont commencé à exiger, à juste titre, une participation à l'enseignement supérieur, elles ont tenu pour acquis qu'elles voulaient le même programme d'études que les hommes. Elles ne se demandaient jamais si leurs aptitudes n'étaient pas dans divers domaines supérieures et meilleures à celles des hommes, et s'il ne vaudrait pas mieux que leur sexe cultive les choses qui conviennent le mieux à leur esprit. Permettez-moi d'être plus explicite. Dans tout ce qui touche aux sciences physiques et mathématiques, les femmes, en moyenne, sont bien en dessous du niveau des hommes. Il y a, bien sûr, des exceptions. Mais ils ne prouvent rien. Il est inutile de me citer le cas d'une jeune fille brillante qui s'est classée première en physique à Cornell. Ce n'est rien. Il y a un éléphant dans le zoo qui peut compter jusqu'à dix, mais je refuse de me considérer comme son inférieur.

Les résultats tabulés au fil des années et l'expérience réelle des enseignants montrent que dans tout le domaine des mathématiques et de la physique, les femmes sont surclassées. À McGill, les filles de notre première année ont pleuré sur leurs échecs en physique élémentaire ces vingt-cinq années. Il est temps que quelqu'un sèche leurs larmes et enlève le sujet.

Quoi qu'il en soit, les tests d'examen ne suffisent jamais. Pour ceux qui le savent, l'examen écrit est loin d'être un véritable critère de capacité. Cela exige trop de simple mémoire, d'imitation et de volonté insidieuse d'absorber les idées des autres. Les perroquets et les corbeaux réussiraient admirablement aux examens. En effet, les collèges en regorgent.

Mais prenons, d'autre part, tout ce qui relève du côté esthétique de l'éducation, de la littérature imaginative et du culte de la beauté. Ici, les femmes sont, ou du moins devraient être, les supérieures des hommes. Dans les temps primitifs, les femmes étaient les premières conteuses. Ils le sont toujours du côté du berceau. La première étudiante était la sorcière, avec ses incantations, ses prophéties et l'éclat de sa brillante imagination, et si des hommes brutaux et au cerveau plus ennuyeux ne l'avaient pas brûlée, elle continuerait à incanter. À mon avis, nous avons besoin de plus de sorcières dans les universités et de moins de physique.

J'ai moi-même vu de telles jeunes sorcières, si je puis dire : j'aime ça, dans des universités comme Wellesley dans le Massachusetts et Bryn Mawr en Pennsylvanie, où aucun homme n'est autorisé à pénétrer dans la limite de trois miles. À mon avis, ils réussissent infiniment mieux ainsi par eux-mêmes. Ils sont plus libres, moins retenus. Ils discutent ouvertement de choses dans leurs classes ; ils élèvent la voix et parlent, tandis qu'une jeune fille dans un endroit comme McGill, entourée d'hommes, reste assise pendant quatre ans aussi silencieuse qu'une grenouille pleine de grenaille.

Mais il existe un problème encore plus profond. Les carrières des hommes et des femmes qui fréquentent l'université ensemble sont nécessairement différentes, et la préparation est entièrement axée sur la carrière de l'homme. Les hommes seront des avocats, des médecins, des ingénieurs, des hommes d'affaires et des hommes politiques. Et les femmes ne le sont pas.

Cela ne sert à rien de faire semblant. Cela peut paraître horrible à dire, mais les femmes vont se marier. C'est, et cela a toujours été, leur carrière ; et qui plus est, ils le savent ; et même à l'université, pendant qu'ils étudient l'algèbre et l'économie politique, ils ont tout le temps les yeux rivés sur les choses. Le fait est qu'après qu'une fille a consacré quatre ans de son temps et une grande partie de l'argent de ses parents à se préparer à une carrière qu'elle n'aura jamais, la malheureuse va se marier, et dans un Depuis quelques années, elle a oublié quelle est l'hypoténuse d'un triangle rectangle, et elle s'en fiche. Elle a de bien meilleures choses à penser.

À ce stade, quelqu'un criera : « Mais même pour le mariage, n'est-il pas juste qu'une fille ait une éducation universitaire ? A quoi je m'empresse de répondre : assurément. J'admets volontiers qu'une fille qui connaît l'algèbre, ou l'a connue autrefois, est une compagne bien plus charmante et une épouse et une mère plus noble qu'une fille qui ne distingue pas x de y. Mais le point est le suivant : l'éducation supérieure qui permet à un homme d'être avocat permet-elle également à une personne d'être épouse et mère ? Ou, en d'autres termes, une avocate est-elle une épouse et une mère ? Je dis que non. Étant donné qu'une fille doit consacrer quatre ans et quatre mille dollars d'argent à aller à l'université, pourquoi la former à une carrière qu'elle n'adoptera jamais ? Pourquoi ne pas lui offrir une éducation qui aura un sens et une harmonie avec la vie réelle qu'elle va suivre ?

Par exemple, supposons qu'au cours de ses quatre années, chaque fille qui a la chance de faire des études supérieures en ait consacré au moins six mois à la formation et à la discipline d'infirmière dans un hôpital. Il y a plus d'éducation et de formation de caractère là-dedans que dans tout un seau d'algèbre.

Mais non, la femme insiste pour arracher sa part d'une éducation conçue par Erasmus ou Guillaume de Wykcham ou Guillaume d'Occam pour la formation d'érudits et d'avocats ; et lorsque plus tard dans sa maison survient une maladie ou un accident soudain, et que la vie ou la mort de ses proches dépend de ses compétences, de ses connaissances et d'un courage entraîné en cas d'urgence, elle doit nécessairement envoyer en toute hâte une femme engagée pour le remplacer. la place qu'elle-même n'a jamais appris à occuper.

Mais je n'essaie pas ici d'élaborer un programme complet. J'essaie seulement d'indiquer que l'enseignement supérieur est une chose pour l'homme, une autre pour la femme. Je ne nie pas non plus le fait que les femmes doivent gagner leur vie. Leurs études supérieures doivent leur permettre de le faire. Ils ne peuvent pas tous se marier le jour de leur remise des diplômes. Mais ce n'est pas grave. Aucun projet d'éducation que quiconque puisse imaginer n'échouera à cet égard.

Les postes qu'ils occupent comme enseignants ou fonctionnaires, ils les rempliraient d'autant mieux si leur éducation était adaptée à leurs besoins.

Quelques-uns, une petite minorité, « ont véritablement une carrière », sans mari ni enfant, dans laquelle le sacrifice est grand et l'honneur qui leur est peut-être d'autant plus grand. Et d'autres rêvent sans doute d'une carrière dans laquelle un mari et un groupe d'enfants épanouis sont portés en appendice d'une vie bien remplie au bar ou sur le quai. Mais tous ceux-là ne constituent qu'une simple minorité, si petite qu'elle ne change rien à l'argument général.

Mais là, j'ai assez écrit pour créer bien des ennuis, sauf peut-être à l'Université de Cambridge. Je reviens donc avec soulagement à mon étude générale d'Oxford. En considérant la situation dans son ensemble, je suis alors amené à la conclusion qu'il doit y avoir quelque chose dans la vie d'Oxford elle-même qui favorise l'enseignement supérieur. Fumé par son précepteur, nourri dans la cuisine d'Henri VIII et endormi dans un enchevêtrement de lierre, l'étudiant obtient évidemment quelque chose qu'il n'est pas facile d'obtenir en Amérique. Et plus j'y réfléchis, plus je suis convaincu que c'est celui qui dort dans le lierre qui fait cela. Comme c'est différent de la vie étudiante telle que je m'en souviens !

Lorsque j'étais étudiant à l'Université de Toronto, il y a trente ans, j'ai vécu, du début à la fin, dans dix-sept pensionnats différents. A ma connaissance, ces maisons ne sont pas ou pas encore marquées par des tablettes. Mais on en trouve encore à proximité des rues McCaul et Darcy et Saint-Patrick. Quiconque doute de la véracité de ce que je dis peut aller les consulter.

Je n'étais pas seul dans la vie nomade que je menais. Nous étions des centaines à errer ainsi d'une habitation mélancolique à l'autre. Nous vivions en règle générale à deux ou trois dans une maison, parfois seuls. Nous avons dîné au sous-sol. Nous mangions toujours du bœuf, préparé d'une manière ou d'une autre après qu'il soit mort, et il y avait toujours des biscuits soda sur la table. À l'époque, dans les pensions de Toronto, il y avait une marque de biscuits soda que je n'ai pas revu depuis. Ils étaient meilleurs que les biscuits pour chiens mais avec moins de claquement. Mes contemporains s'en souviendront tous. Un grand nombre des principaux avocats et hommes professionnels de Toronto s'en nourrissaient.

Dans la vie que nous menions, nous n'avions pratiquement aucune possibilité d'association à grande échelle, pas de salles communes, pas de salles de lecture, rien. Nous n'avons jamais vu ces magazines ; personnellement, je n'en connaissais même pas les noms. Le seul échange d'idées que nous ayons jamais eu a été en nous rendant à l'hôtel Caer Howell sur University Avenue et en les échangeant là-bas.

Je mentionne ces détails mélancoliques non pas pour eux-mêmes, mais simplement pour souligner le fait que lorsque je parle des dortoirs d'étudiants et de la vie plus vaste qu'ils offrent, je parle de ce que je sais.

Si nous avions eu à Toronto, quand j'étais étudiant, le genre de dortoirs et de vie en dortoir qu'ils ont à Oxford, je ne pense pas que j'aurais jamais obtenu mon diplôme. J'y serais encore. Le problème est que les universités de notre continent commencent tout juste à prendre conscience de ce que devrait signifier une université. Ils ont été, dans une très large mesure, institués et organisés avec l'idée qu'une université était un lieu où les jeunes hommes étaient envoyés pour s'imprégner du contenu des livres et écouter des conférences dans les salles de classe. L'étudiant était représenté comme une créature pâle, brûlant ce qu'on appelait « l'huile de minuit », son visage blême penché sur son bureau. Si vous vouliez faire quelque chose pour lui, vous lui offriez un livre ; si vous vouliez faire quelque chose de très grand en sa faveur, vous lui en offriez tout un panier. Si vous vouliez aller encore plus loin et être un bienfaiteur du collège dans son ensemble, vous lui donniez une bourse compétitive et vous obligeiez deux ou plusieurs étudiants pâles à travailler jusqu'à leur mort pour l'obtenir.

Ce qui est réel pour l'étudiant, c'est la vie et l'environnement qui l'entourent. Tout ce qu'il apprend réellement, il l'apprend, en un sens, par le fonctionnement actif de son propre intellect et non en tant que destinataire passif de conférences. Et pour cette opération active, ce dont il a le plus besoin, c'est d'un contact continu et intime avec ses semblables. Les étudiants doivent vivre ensemble et manger ensemble, parler et fumer ensemble. L'expérience montre que c'est ainsi que leur esprit grandit réellement. Et ils doivent vivre ensemble de manière rationnelle et confortable. Ils doivent manger dans une grande salle à manger ou hall, avec des poutres en chêne au plafond et des vitraux aux fenêtres, et avec un bouclier ou une tablette ici ou là sur le mur, pour leur rappeler entre temps les hommes qui les ont précédés. eux et ont laissé un nom digne de la mémoire du collège. Si un étudiant veut recevoir de son collège ce qu'il devrait lui donner, un dortoir universitaire, avec la vie commune qu'il apporte, est son droit absolu. Une université qui ne le lui donne pas le trompe.

Si je fondais une université — et je le dis avec tout le sérieux dont je suis capable — je fonderais d'abord un fumoir ; puis, quand j'avais un peu plus d'argent en main, je trouvais un dortoir ; puis après cela, ou plus probablement avec cela, une salle de lecture décente et une bibliothèque. Après cela, s'il me restait encore de l'argent que je ne pourrais pas utiliser, j'embaucherais un professeur et j'achèterais des manuels.

Ce chapitre a sonné pour l'essentiel comme un éloge funèbre continu d'Oxford, peu favorable à nos collèges américains. Je me tourne donc avec plaisir vers la tâche plus agréable de montrer ce qui ne va pas à Oxford et dans le système universitaire anglais en général, et dans quel aspect nos universités américaines surpassent de loin les britanniques.

Le fait est qu'Henri VIII est mort. Les Anglais sont si fiers de ce qu'Henri VIII et les bienfaiteurs des siècles précédents ont fait pour les universités qu'ils en oublient le présent. Il y a peu ou rien en Angleterre qui soit comparable à la magnifique générosité des individus, des provinces et des États, qui bâtit les collèges des États-Unis et du Canada. Il y avait. Mais par une étrange confusion de pensée, le peuple anglais admire les nobles dons du cardinal Wolsey, d'Henri VIII et de la reine Margaret, et ne se rend pas compte que les Carnegie, les Rockefeller et les William Macdonald sont les cardinaux Wolsey d'aujourd'hui. L'Université de Chicago a été fondée sur le pétrole. L'Université McGill repose en grande partie sur le tabac. En Amérique, le monde du commerce et des affaires s'impose un noble tribut en faveur des études supérieures. En Angleterre, à quelques exceptions notables près, comme celle de Bristol, il n'y a pratiquement rien de tel. Les familles féodales se contentent de ce que leurs lointains ancêtres ont fait : elles ne cherchent pas à l'imiter dans une grande mesure.

À long terme, cela doit compter. De toutes les réformes dont on parle à Oxford et de toutes les imitations des méthodes américaines qui sont suggérées, la seule qui vaille, à mon avis, est de capturer quelques millionnaires, de leur donner des diplômes honorifiques d'un million de livres sterling. chacun, et dites-leur d'imaginer qu'ils sont Henri VIII. Je préviens Oxford que si cela n'est pas fait, l'endroit ne durera pas encore deux siècles.

VI.
La presse britannique et américaine

LE seul journal à partir duquel un homme peut réellement obtenir les nouvelles du monde sous une forme qu'il peut comprendre est le journal de sa propre « ville natale ». Pour ma part, à moins de pouvoir prendre le Montreal Gazette à mon petit-déjeuner et le Montreal Star à mon dîner, je ne sais pas vraiment ce qui se passe. De la même manière, j'ai vu un homme du sud de l'Écosse s'installer pour lire le Dumfries Chronicle avec un profond soupir de satisfaction : et un homme de Burlington, Vermont, prendre le Burlington Eagle et y étudier les nouvelles étrangères comme le seule manière de comprendre ce qui se passait réellement en France et en Allemagne.

La raison en est, je suppose, qu'il existe différentes manières de présenter les informations et que nous nous habituons chacun à la nôtre. Certains aiment que la nouvelle leur soit donnée avec douceur : d'autres aiment qu'on leur lance une bombe : certains préfèrent qu'on en fasse le moins possible ; ils veulent qu'il soit minimisé : d'autres veulent le maximum.

C'est là que réside la plus grande différence entre les journaux britanniques et ceux des États-Unis et du Canada. Chez nous, en Amérique, la grande chose est d'obtenir les nouvelles et de les crier au lecteur ; en Angleterre, ils reçoivent la nouvelle et la lui annoncent ensuite aussi gentiment que possible. D'où les gros titres, les caractères gras et les doubles colonnes du journal américain, et les petits titres et l'air général de calme et de respectabilité de la presse anglaise.

Il est tout à fait hors de question de se demander lequel est le meilleur. Ni l'un ni l'autre. Ce sont des choses différentes : c'est tout. Le journal anglais est conçu pour être lu tranquillement, appuyé contre le sucrier d'un homme prenant lentement son petit-déjeuner dans un coin tranquille d'un club, ou par un banquier à la retraite assis dans un fauteuil en cuir presque endormi, ou par un vicaire de campagne assis. dans une chaise en osier sous une pergola. Le journal américain est destiné à être lu par un homme accroché aux sangles d'un métro express bruyant, par un homme mangeant au comptoir d'un restaurant, par un homme debout sur une jambe, par un homme se rasant pendant deux minutes ou par un homme sur le point de se faire arracher les dents par un dentiste.

Autrement dit, il y a une différence d'ambiance. Ce n'est pas seulement une différence dans la typographie et le lettrage, c'est une différence dans la manière dont l'actualité est traitée et dans le type de mots utilisés. En Amérique, nous aimons les mots comme « hommes armés », « joy-ride » et « cellule de mort » : en Angleterre, ils préfèrent « personne au caractère douteux », « moteur circulant à une vitesse excessive » et « couloir n° 6 ». " Si un chariot à lait entre en collision dans la rue avec un chariot à charbon, nous écrivons qu'un « chariot de vie » a heurté un « chariot de la mort ». Nous appelons un meurtrier un « voyou », un « homme armé » ou un « homme yeg ». En Angleterre, on l'appelle simplement « l'accusé qui est épicier à Houndsditch ». Cette désignation mettrait en pièces toute histoire de meurtre décente.

De là vient la grande différence entre la phrase américaine « lead » ou phrase d'ouverture de l'article, et la méthode anglaise de début. Dans le journal américain, l'idée est que le lecteur est tellement occupé qu'il faut d'abord lui proposer la nouvelle d'un seul coup. Après cela, s'il l'aime, il peut continuer et en manger encore. La phrase d'ouverture doit donc donner le tout. Supposons donc qu'un membre éminent du Congrès américain se suicide. C'est ainsi que le journaliste américain traite la question.

"Assis dans sa chambre au Grand Hôtel avec ses pantoufles de moquette aux pieds et le corps enveloppé dans une robe de chambre bleue à insertions roses, après avoir écrit une lettre d'adieu à sa femme et vidé une bouteille de whisky écossais dans laquelle il s'est exonéré de toute culpabilité dans sa mort, le membre du Congrès Ahasuerus P. Tigg a été retrouvé par le veilleur de nuit, Henry T. Smith, alors qu'il faisait sa ronde comme d'habitude avec quatre balles dans le ventre.

Supposons maintenant qu'un membre éminent de la Chambre des communes d'Angleterre ait fait la même chose. Voici comment cela serait écrit dans un journal londonien de premier ordre.

Le titre serait DOMICILE ET INTELLIGENCE GÉNÉRALE. Ceci est inséré de manière à garder le lecteur apaisé et tranquille et est sans aucun doute considéré comme meilleur que le titre américain BUGHOUSE CONGRESSMAN BLOWS OUT CERVEAU IN HOTEL. Après le titre HOME AND GENERAL INTELLIGENCE, le journal anglais publie le sous-titre INCIDENT AU GRAND HOTEL. Le lecteur ne sait toujours pas ce qui s'est passé ; il n'est pas censé le faire. Ensuite l'article commence ainsi :

"Le Grand Hôtel, situé à l'angle des rues Millbank et Victoria, a été le théâtre hier soir d'un incident pénible."

"Qu'est-ce que c'est?" pense le lecteur. "L'hôtel lui-même, qui est une ancienne structure géorgienne datant probablement d'environ 1750, est un établissement calme, sa clientèle étant principalement composée d'hommes d'affaires du secteur de l'élevage de bétail et des distilleries du sud du Pays de Galles."

"Ce qui s'est passé?" pense le lecteur.

"Sa cuisine est depuis longtemps réputée pour l'excellence de ses crevettes bouillies."

"Ce qui s'est passé?"

"Alors que l'hôtel lui-même est également connu comme le lieu de rencontre de la Surbiton Harmonic Society et d'autres associations."

"Ce qui s'est passé?"

"Parmi les invités les plus éminents de l'hôtel figurait au cours de la présente session parlementaire, M. Llewylln Ap. Jones, député de South Llanfydd. M. Jones est apparemment venu dans sa chambre hier soir vers dix heures du soir et a mis ses pantoufles en moquette et sa robe de chambre bleue. Il semble alors s'être dirigé vers le placard et y avoir pris une bouteille de whisky qui s'est toutefois révélée vide. Le malheureux monsieur s'est ensuite apparemment couché...".

À ce moment-là, le lecteur américain arrête probablement de lire, pensant avoir tout entendu. Le malheureux constata que la bouteille était vide et se coucha : très naturel : et l'affaire s'appelait très justement un « incident pénible » : tout à fait juste. Mais le lecteur anglais expérimenté saurait qu'il y avait plus à venir et que l'air de calme n'était qu'un semblant, et il lirait encore et encore jusqu'à ce qu'enfin l'intérêt tragique s'accentue, les quatre coups de feu furent tirés, avec une bonne longue pause après chacun pour discuter de la trajectoire de la balle à travers M. Ap. Jones.

Je ne dis pas que la méthode américaine ou la méthode britannique sont les meilleures. Ce sont juste deux manières différentes, c'est tout. Mais le résultat est que quiconque aux États-Unis ou au Canada lisant les journaux anglais a l'impression que rien ne se passe : et un lecteur anglais de nos journaux avec nous a l'idée que tout le monde est en tumulte.

Quand j'étais à Londres, en parcourant les journaux du matin, j'avais toujours l'impression que le monde entier dormait presque. Il y avait, par exemple, un titre intitulé INDIAN INTELLIGENCE qui montrait, après un examen attentif, que deux mille Parsis étaient morts de la peste bleue, qu'un bateau à poudre avait explosé à Bombay, que quelqu'un avait lancé quelques bombes sur un des gouverneurs de province, et que quatre mille agitateurs avaient été condamnés chacun à vingt ans de travaux forcés. Mais le tout s'appelait simplement « Indian Intelligence ». De même, il y avait un petit article intitulé « Notre correspondant chinois ». Celui-là expliquait dix lignes plus bas, en très petits caractères, que cent mille Chinois avaient été noyés dans une inondation. Et il y avait un autre petit article intitulé « Potins étrangers », sous lequel il était mentionné que le Pape était mort et que le Président du Paraguay avait été assassiné.

Bref, j'avais l'impression de vivre dans un monde facile et somnolent, comme sans doute l'éditeur le voulait. Ce n'est que lorsque le Montreal Star est arrivé par la poste que j'ai senti que le monde tournait encore assez rapidement sur son axe et qu'il y avait encore quelque chose à faire.

Comme pour les nouvelles du monde, il en est de même pour les événements mineurs de la vie ordinaire : naissance, mort, mariage, accidents, crime. Permettez-moi de donner une illustration. Supposons que, dans une banlieue de Londres, une femme de ménage tente d'empoisonner la famille de son employeur en mettant une drogue dans le café. Maintenant, de notre côté de l'eau, nous devrions écrire ce petit incident de manière à lui donner vie, et y mettre des titres qui capteraient l'attention du lecteur en une minute. Nous devrions commencer ainsi :

JOLIE FEMME DE SALON

OFFRES BOISSON DE MORT

À LA FAMILLE DE CLUBMAN

Le lecteur anglais se demanderait immédiatement : comment savons-nous que la femme de chambre est jolie ? Nous ne le faisons pas. Mais notre sens artistique nous dit qu'elle devrait l'être. Les jolies femmes de chambre sont les seules qui nous intéressent : si une vilaine femme de chambre empoisonnait la famille de son employeur, nous devrions la pendre. Là encore, dirait le lecteur anglais, comment savons-nous que cet homme est un clubman ? Avons-nous établi ce fait avec certitude et si oui, de quel(s) club(s) est-il membre ? Eh bien, nous ne le savons pas, sauf dans la mesure où cela va de soi. Tout homme qui a suffisamment de romance dans sa vie pour être empoisonné par une jolie femme de chambre devrait fréquenter un club. C'est l'endroit pour lui. En fait, chez nous, le mot homme de club ne signifie pas nécessairement un homme qui appartient à un club : il se définit comme un homme qui est arrêté dans un tripot ; ou une amende pour excès de vitesse ou pour avoir tiré sur une autre personne dans le couloir d'un hôtel. Cet homme doit donc être un homme du club. Après avoir réglé le titre, nous passons au texte :

"Réminant sur des problèmes amoureux qu'elle a jusqu'ici refusé de divulguer sous la fusillade la plus brûlante de questions rapides qui lui ont été adressées par les meilleurs cerveaux de la police de New York, Miss Mary De Forrest, une belle brune mesurant trente-six pouces de diamètre. hanches, employée comme femme de chambre dans la résidence de M. Spudd Bung, un clubman bien connu avec quarante-deux pouces de tour de poitrine, a été arrêtée hier par l'escouade volante de la police d'urgence après avoir, dit-on, mis quatre onces de prétendu picrate de potasse dans le prétendu café du prétendu petit-déjeuner de la famille de son employeur à leur résidence sur Hudson Heights, dans le quartier le plus branché de la métropole, le Dr Slink, le principal praticien à la mode du quartier qui a été immédiatement convoqué, a déclaré que sans cela. Grâce à sa dextérité et à sa promptitude extraordinaires, la mort de toute la famille, sinon de tout l'entourage, était une certitude. Le magistrat, en renvoyant Mlle De Forrest en jugement, profita de l'occasion pour s'étendre sur sa jeunesse et son aspect attrayant : il fustigea sévèrement les films. et a déclaré qu'il les tenait ensemble avec le système scolaire public et la méthode actuelle de coiffure, directement responsable des crimes du genre allégué.

Maintenant, quand vous lisez ceci, vous commencez à sentir que quelque chose d'important s'est produit. Voici un homme comme le Dr Slink, tout frémissant de rapidité et de dextérité. Voici une image insérée, une photographie, une maison en briques dans une rangée marquée d'une croix (+) et étiquetée "La résidence Bung telle qu'elle est apparue immédiatement après le prétendu outrage". Ce n'est pas vraiment le cas. C'est juste une photographie que nous utilisons pour ce genre de choses et que nous avons appris à apprécier. On l'appelle parfois : « Résidence du sénateur Borah » ou « Scène des récentes manifestations spiritualistes » ou quelque chose de ce genre. Tant qu'il est marqué d'une croix (+), le lecteur le regardera avec intérêt.

En d'autres termes, nous faisons quelque chose d'un événement comme celui-ci. Peu importe si tout s'efface ensuite lorsqu'il apparaît que Mary De Forrest a simplement mis du piment de la Jamaïque moulu dans le café par erreur pour du sucre en poudre et que la famille ne l'a pas bu de toute façon. Le lecteur s'est déjà tourné vers d'autres mystères.

Mais contrastons avec la manière pitoyablement docile avec laquelle le même événement est écrit en Angleterre. C'est ici:

ARTICLE DE BANLIEUE

"Hier, au tribunal de police de Surbiton-on-Thames, Mary Forrester, une servante au service de M. S. Bung a été arrêtée sous l'accusation d'avoir mis une préparation nocive, peut-être du poison, dans le café de la famille de son employeur. . La jeune femme a été placée en détention provisoire pendant une semaine.

Regarde ça. Mary Forrester une servante ?

Quelle était sa largeur de poitrine ? Cela ne le dit pas. Monsieur S. Bung ? De quel club était-il membre ? Aucun, apparemment. Alors, peu importe s'il est empoisonné ? Et "la jeune femme !" Quelle façon de parler d'une fille honnête qui n'a jamais fait d'autre mal que d'empoisonner un homme du club. Et le magistrat anglais ! Quel rôle docile il a dû jouer : son nom n'apparaît en effet pas du tout : apparemment il n'a pas insisté sur la beauté de la jeune fille, ni « commenté sur son apparence attrayante », ou quoi que ce soit. Je ne pense pas qu'il ait même invité Mary Forrester à déjeuner avec lui.

Notez également que, selon la manière anglaise de rédiger les choses, dès que la jeune fille a été placée en détention provisoire pendant une semaine, l'incident est clos. Le journaliste anglais n'en sait apparemment pas assez pour suivre Miss De Forrest jusqu'à son domicile (appelé "la résidence De Forrest" et marqué d'une croix, +). Le journaliste américain veillerait à compléter ce qui précède par des informations complémentaires de ce type. "Mlle De Forrest, vue plus tard à son propre domicile par un représentant de The Eagle, a déclaré qu'elle regrettait beaucoup d'avoir été obligée d'empoisonner M. Bung. Elle n'avait personnellement rien contre M. Bung et, à part l'empoisonnement, elle avait tout le respect pour M. Bung. Miss De Forrest, qui s'exprime admirablement sur une variété de sujets, s'est exprimée aussi chaleureusement en faveur de la Société des Nations qu'en tant que fervente du scrutin court et de la représentation proportionnelle.

Tout lecteur américain qui étudie la presse anglaise se trouve chaque jour confronté à ces opportunités gâchées. Il existe en effet certaines revues d'un type plus récent qui s'efforcent de nous imiter. Mais ils ne comprennent pas encore vraiment. Ils utilisent des caractères jusqu'à environ un pouce et après cela, ils ont peur.

J'espère qu'en décrivant l'esprit de la presse anglaise, je ne semble pas écrire avec une quelconque amertume personnelle. J'admets qu'il pourrait y avoir une certaine raison à un tel parti pris. Durant mon séjour en Angleterre, j'avais très hâte de paraître comme collaborateur dans certains des principaux journaux. C'est, chez les Anglais, une chose qui ajoute toujours du prestige. Pouvoir se qualifier de « contributeur » au Times, au Punch, au Morning Post ou au Spectator est un grand honneur. J'ai rencontré ces « contributeurs » partout dans l'Empire britannique. Certains, je l'avoue, semblent étranges. Une ancienne épave dans l'arrière-bar d'une taverne ontarienne (ancien régime) m'a appris qu'il était un collaborateur du Times : le concierge de l'immeuble où j'habitais avoue qu'il collabore au Punch : un homme arrêté à Bristol pour vagabondage alors que j'étais en Angleterre, il a plaidé qu'il était un collaborateur du Spectator. En fait, c'est un honneur que tout le monde semble pouvoir obtenir sauf moi.

J'avais souvent essayé, avant de partir en Angleterre, de contribuer aux grands journaux anglais. Je n'avais jamais réussi. Mais j'espérais qu'en Angleterre même, la proximité même de l'atmosphère, je veux dire la contiguïté même des environs, rendrait la tentative plus facile. J'ai essayé et j'ai échoué. Mon échec était d'autant plus ignominieux que j'avais reçu des encouragements personnels très directs. "N'hésitez pas", a déclaré le rédacteur en chef du

London Times, "faites quelque chose pour nous pendant que vous êtes ici. Mieux encore, faites quelque chose d'une manière politique ; c'est plutôt notre ligne spéciale." J'avais déjà reçu des encouragements presque identiques de la part du London Morning Post, et de manière plus nuancée de la part du Manchester Guardian. Bref, le succès semblait facile.

J'ai donc décidé de prendre un événement politique simple, du genre particulier qui fait toujours sensation dans la politique anglaise, et de l'écrire pour ces journaux anglais. Pour simplifier les choses, j'ai pensé qu'il valait mieux utiliser un seul et même incident, le rédiger de trois manières différentes et être payé trois fois. Tous ceux qui écrivent pour la presse comprendront immédiatement le motif. J'ai donc attendu et regardé les journaux pour voir si quelque chose d'intéressant pourrait arriver à l'Ahkoond de Swat ou au Sandjak de Novi Bazar ou à tout autre potentat indigène. En quelques jours, j'obtins ce que je voulais dans l'article suivant, qui, je n'ai pas besoin de le dire, est repris mot pour mot des dépêches de presse :

"Perim, via Bombay. La nouvelle arrive par messager que le Shriek de Kowfat qui vit sous la convention de 1898 a violé le modus operandi. Il aurait arraché ses bretelles, s'est trempé dans l'huile et a proclamé un Jehad. Le la situation est critique."

Tous ceux qui connaissent l'Angleterre savent que c'est exactement le genre de nouvelles que les Anglais adorent. De notre côté de l'Atlantique, nous devrions être gênés par le fait que nous ne savions pas où se trouve Kowfat, ni quelle était la convention de 1898. Ce n'est pas le cas. Ils prennent simplement pour acquis que Kowfat est l'un des milliers d'endroits qu'ils « possèdent », quelque part dans l'obscurité extérieure. Ils ont tellement de Kowfats qu'ils ne peuvent pas les suivre.

Je savais donc que tout le monde serait intéressé par toute discussion sur ce qu'on appelait aussitôt « la crise de Kowfat » et je l'ai rédigé. J'ai résisté à la tentation de commencer à la mode américaine, « Shriek perd ses bretelles », et j'ai adapté l'écriture, comme je le pensais, au marché pour lequel j'écrivais. J'ai écrit l'incident pour le Morning Post de la manière suivante :

"Les nouvelles de Kowfat offrent un nouvel exemple de recul douloureux de la part du gouvernement. Notre politique de mollesse et de mollesse récolte maintenant son inévitable récompense. Pour nous, il n'y a qu'une chose à faire. Si le Cri a déchiré il faut lui faire enlever ses bretelles. Nous avons toujours pensé qu'en ce qui concerne le prestige impérial de ce pays, il n'y avait pas de place pour l'hésitation. Dans le cas présent, notre prestige est en jeu : il s'agit de notre réputation. Aux yeux des indigènes environnants, les Hottentots bantous, les Négritos, les hommes nains de l'Abyssinie orientale et les hommes-chiens du Darfour, que penseront-ils de nous si nous échouons dans cette crise, leur perception de nous chutera de moitié. . À notre avis, ce pays ne peut pas supporter une baisse de cinquante pour cent de l'estime des Dog Men. Le moment est venu d'agir. Un ultimatum devrait être envoyé immédiatement au Shriek de Kowfat. lui un autre. Il faudrait lui faire mettre immédiatement ses bretelles. L'huile doit être grattée et il faut lui dire clairement que si un chiot comme lui essaie de démarrer un Jehad, il devra traiter avec la marine britannique. Nous appelons le Shriek un chiot sans vouloir le rabaisser en tant qu'allié impérial, mais parce que nous considérons que le présent n'est pas le moment des demi-mots et nous ne considérons pas le chiot comme un demi-mot. Des événements tels que ceux d'aujourd'hui, qui ébranlent l'Empire jusqu'à sa base, font rêver aux jours spacieux d'un Salisbury ou d'une reine Elizabeth, ou d'un Alfred le Grand ou d'un Jules César. Nous doutons que le Cabinet actuel soit dans cette classe. »

Pour ne pas perdre de temps dans le va-et-vient du courrier, toujours une pensée sérieuse pour le collaborateur de la Presse en attente d'un chèque, j'ai envoyé un autre éditorial sur le même sujet au Manchester Guardian. Cela s'est déroulé comme suit :

"L'action du Shriek de Kowfat en proclamant un Jehad contre nous justifie amplement tout ce que nous avons dit dans notre éditorial depuis la mort de Jeremy Bentham. Nous avons toujours considéré que la seule façon de traiter avec un potentat mahométan comme le Shriek était de traiter Le khalife de Kowfat achète actuellement la totalité de ses marchandises en coton sur notre marché et paie comptant. Le Shriek, qui est un homme éclairé, a toujours soutenu les principes du libre-échange. de pièces de coton , de bibles, de rhum et de perles en constante augmentation, mais elles sont plus que compensées par nos importations de Kowfat d'ivoire, de caoutchouc, d'or et de pétrole. Bref, nous n'avons jamais vu les principes du libre-échange mieux illustrés. Le Shriek, dit-on maintenant, refuse de porter les appareils dentaires qui lui ont été présentés par notre envoyé lors de son couronnement, il y a cinq ans. Il les aurait jetés dans la boue. Mais nous n'avons aucune raison de supposer que ce soit le cas. considéré comme un coup porté à notre prestige. Il se peut qu'après cinq ans d'utilisation les petites poulies des appareils orthodontiques ne fonctionnent plus correctement. Nous en avons nous-mêmes connu des exemples dans notre vie personnelle et pouvons parler du sentiment d'irritation qui en résulte. Même nous avons jeté les nôtres par terre. Et de toute façon, comme nous l'avons souvent rappelé à nos lecteurs, qu'est-ce que le prestige ? Si quelqu'un veut nous frapper, qu'il nous frappe sur-le-champ. Nous considérons qu'un coup porté à notre commerce est bien plus mortel qu'un coup porté à notre prestige.

"La situation telle que nous la voyons exige une réparation immédiate de notre part. Le principal grief des Shriek découle de l'existence de notre fort et de notre garnison sur la rivière Kowfat. Notre politique appropriée est de démolir le fort et de retirer la garnison ou donnez-le au Shriek. Nous sommes convaincus que dès que le Shriek se rendra compte que nous sommes prêts à le traiter dans le bon esprit chrétien, il répondra immédiatement avec une véritable générosité mahométane.

"Nous devons en outre nous rappeler que dans ce que nous faisons, nous sommes observés par les tribus voisines, les Négritos, les Hommes Nains et les Hommes-Chiens du Darfour. Ce ne sont pas seulement des observateurs avisés, mais aussi des clients importants. Les Hommes Nains achètent actuellement tout leur coton est sur le marché de Manchester et les Dog Men dépendent de nous pour leur savon.

"La crise actuelle en est une dans laquelle la nation a besoin d'un sens politique et d'une vision large du monde. Dans la situation actuelle, nous n'avons pas besoin de la duplicité d'un Machiavel, mais de la prescience imposante d'un Gladstone, d'un Alfred le Grand ou d'un Jules César. " Heureusement, nous avons exactement ce type d'homme à la tête des affaires. "

Après avoir terminé ce qui précède, je me suis mis sans délai à travailler sur un exercice similaire pour le London Times. L'excellence particulière du Times, comme chacun le sait, réside dans l'abondance de ses informations. Depuis des générations, le Times impose une connaissance singulièrement minutieuse de toutes les parties de l'Empire. C'est la fierté de ce grand journal que, dans quelque partie lointaine et étrange de l'Empire que vous visitiez, vous trouverez toujours un correspondant du Times à la recherche de quelque chose à faire. On dit que le propriétaire actuel en a fait sa maxime : « Je ne veux pas d'hommes qui pensent, je veux des hommes qui savent. » Les modalités de réflexion se font séparément.

A propos, je peux dire que j'ai eu l'occasion, pendant mon séjour en Angleterre, de me rendre compte que la réputation du personnel du Times en matière de possession d'informations était bien fondée. En dînant un soir avec des membres du personnel, il m'est arrivé de mentionner la Saskatchewan. L'un des rédacteurs à l'autre bout de la table leva les yeux à la mention de ce nom. « La Saskatchewan, a-t-il dit, ah, oui ; ce n'est pas loin de l'Alberta, n'est-ce pas ? puis il se tourna de nouveau tranquillement vers sa nourriture. Lorsque je rappelle au lecteur que la Saskatchewan n'est qu'à un demi-pouce de l'Alberta, il peut juger de la finesse des connaissances impliquées. Ayant tout cela à l'esprit, j'ai remanié l'éditorial et l'ai envoyé au London Times comme suit :

"La nouvelle que le sultan de Kowfat a jeté ses bretelles rend intéressant d'indiquer l'endroit exact où il les a jetées. (Voir carte). Kowfat, couché comme le lecteur le sait, sur la rivière Kowfat, occupe l'arrière-pays entre l'extrémité sud-ouest du Somaliland et la rive est, c'est-à-dire ouest, du lac P'schu. Elle forme ainsi une enclave entre les Hommes-Chiens du Darfour et les Négritos de T'chk. sont une race colorée aux trois quarts négroïdes et à plus des trois quarts tabloïds.

"Pour résoudre la difficulté actuelle, la première chose à faire à notre avis est d'envoyer une commission de délimitation pour délimiter plus précisément encore l'endroit où se trouve Kowfat. Après cela, une enquête ethnographique pourrait être réalisée."

Ce fut non seulement un sujet de préoccupation mais aussi une surprise pour moi qu'aucune des trois contributions citées ci-dessus n'ait été acceptée par la presse anglaise. Le Morning Post se plaignait du fait que mon éditorial n'était pas assez ferme dans le ton, le Guardian qu'il n'était pas assez humain, le Times que j'avais laissé de côté la latitude et la longitude toujours attendues par leurs lecteurs. Je pensais que cela ne valait pas la peine de se donner la peine de réviser les articles, car j'avais entre-temps conçu l'idée que le même matériau pourrait être utilisé de la manière la plus délicieusement amusante comme base d'un poème pour Punch. Tout le monde connaît le genre de vers qui sont apportés à Punch par Sir Owen Seaman et M. Charles Graves et des hommes de ce genre. Et tout le monde a été frappé, comme moi, par l'extraordinaire facilité de l'exécution. Il suffit de se procurer un petit incident bizarre, comme la révolte du sultan de Kowfat, de composer un titre amusant, puis d'enchaîner les vers de manière à faire rimer avec tous les mots étranges qui entrent dans le livre. Le narrateur. En fait, la chose est la facilité elle-même.

J'ai donc vu une glorieuse chance avec le sultan de Kowfat. En fait, j'ai ri en pensant aux rimes amusantes que l'on pouvait faire avec "Negritos", "modus operandi" et "Dog Men of Darfour". Je ne peux guère imaginer quelque chose de plus atrocement drôle que les rimes qu'on peut en faire. Et quant au titre, faisant intervenir le mot Kowfat ou un jeu de mots, la chose est parfaitement évidente. L'idée m'a tellement amusé que je me suis immédiatement mis au travail sur le poème.

Je suis désolé de dire que je n'ai pas réussi à le terminer. Non pas que je n'aurais pas pu le faire, avec le temps ; Je suis tout à fait certain que si j'avais eu environ deux ans, j'aurais pu le faire. La structure principale du poème est cependant ici et je la donne pour ce qu'elle vaut. Même tel qu'il est, cela me semble extraordinairement bon. C'est ici:

Titre

.... *Koweït*

Verset un

......................,

.... *mode opératoire;*

......................,

....................., *Négritos :*

.... *P'shu.*

Verset deux

.... *Khalifat;*

...... *Hommes-chiens du Darfour :*

.... *T'chk.*

Excellente petite chose, n'est-ce pas ? Tout ce dont il a besoin, ce sont les rimes. En ce qui concerne cela, il a exactement la facilité et le balayage requis. Et si quelqu'un me dit comment Owen Seaman et ces gens obtiennent le reste de la facilité et du balayage, je serai heureux de l'inclure.

Une autre expérience du même genre que j'ai faite avec la presse anglaise dans une autre direction, n'a pas abouti. S'il est un journal au monde pour lequel j'ai du respect et, si je puis dire, une affection, c'est bien le London Spectator. Je suppose que je ne suis qu'une parmi des milliers et des milliers de personnes qui ressentent cela. Pourquoi, dans ces circonstances, le Spectator n'a-t-il pas publié ma lettre, je ne peux pas le dire. Je ne voulais pas d'argent pour cela : je voulais seulement l'honneur de le voir inséré à côté de la lettre écrite du presbytère, Hops, Hants, ou du Shrubbery, Potts, Shrops, — je veux dire d'un de ces endroits où les lecteurs du Spectator en direct. Je pensais aussi que ma lettre avait juste la bonne touche. Cependant, ils ne l'ont pas accepté : il y a quelque chose qui ne va pas quelque part, je suppose. Ça y est:

Pour l'éditeur,

Le Spectateur,

Londres, Angleterre.

Cher Monsieur,

Votre correspondance de la semaine dernière contenait des choses tellement intéressantes

informations concernant l'apparition de la première primevère

à Kensington Common que j'espère pouvoir, sans

fatiguant vos lecteurs jusqu'à la saturation, racontez

un modèle quelque peu similaire et je pense, monsieur, tout aussi intéressant

expérience qui m'est propre. En passant par Lambeth Gardens

hier vers l'heure du crépuscule j'ai observé un corbeau avec

une jambe assise à côté de la mare aux canards et apparemment perdue dans

pensée. Il ne faisait aucun doute que l'oiseau était du

espèce pulex hibiscus, un ordre qui devient

singulièrement rare aux abords de la métropole. En effet,

à ma connaissance, l'espèce n'a pas été observée dans

Londres depuis 1680. Je peux dire qu'en reconnaissant l'oiseau, je

m'approchai le plus possible, me gardant derrière le

arbustes, mais l'hibiscus pulex qui a apparemment attrapé un

un bref aperçu de mon visage poussa un cri de détresse et s'envola

loin.

Je le suis, monsieur,

Crois-moi,

le vôtre, monsieur,

OY Ça t'embête.

(Major à la retraite de l'armée birmane.);

Affligé par ces échecs répétés, je suis retombé à un niveau inférieur du travail littéraire anglais, le département des puzzles. Pour une raison ou une autre, les Anglais adorent les puzzles. Cela fait, je pense, partie du pédantisme particulier des écoliers qui est l'envers de leur génie littéraire. Je parle avec une certaine amertume, car dans le travail de puzzle, je n'ai rencontré aucun succès. Mes solutions n'ont jamais été reconnues, jamais payées, en fait elles ont été ignorées. Mais j'en joins ici deux ou trois, avec mes excuses aux rédacteurs du Strand et des autres journaux qui auraient dû avoir l'honneur de les publier en premier.

Casse-tête I

Pouvez-vous plier un morceau de papier carré de telle manière qu'avec un seul pli, il forme un pentagone ?

Ma solution : Oui, si je savais ce qu'est un pentagone.

Énigme II

A et B conviennent d'organiser un match de marche à travers une prairie ouverte, chacun cherchant la ligne la plus courte. On peut dire que A, marchant d'un coin à l'autre, diangule l'hypoténuse du pré. B, permettant une légère remontée au sol, se promène sur un tabloïd obèse. Lequel gagne ?

Ma solution : Franchement, je ne sais pas.

Énigme III

(Avec mes excuses au Strand.)

Une corde est passée sur une poulie. Il y a un poids à une extrémité et un singe à l'autre. Il y a la même longueur de corde des deux côtés et l'équilibre est maintenu. La corde pèse quatre onces par pied. L'âge du singe et l'âge de la mère du singe totalisent quatre ans. Le poids du singe est égal à autant de livres que l'âge de la mère du singe. La mère du singe était deux fois plus âgée que le singe lorsque la mère du singe était deux fois moins âgée que le singe le sera lorsque le singe sera trois fois plus âgé que la mère du singe lorsque la mère du singe était trois fois plus âgée que le singe. Le poids de la corde avec le poids à l'extrémité était encore la moitié de la différence de poids entre le poids du poids et le poids du singe. Maintenant, quelle était la longueur de la corde ?

Ma solution : Je devrais penser que ce devrait être une corde d'assez bonne longueur.

Dans un seul département de journalisme anglais, j'ai rencontré un certain succès ; Je fais référence au département de compétition juvénile. C'est une sorte de chose à laquelle les Anglais sont particulièrement accros. En tant que nation très instruite pour qui la bonne littérature commence à la maison, elle encourage par tous les moyens les concours littéraires parmi les jeunes lecteurs de ses revues. Au moins une demi-douzaine de périodiques londoniens bien connus poursuivent ce travail. Les prix vont d'un shilling à une demi-guinée et les concours sont généralement ouverts à tous les enfants âgés de trois à six ans. C'est ici que j'ai vu l'opportunité qui s'offrait à moi et que je l'ai saisie. J'ai remporté prix après prix. En tant que "Petite Agatha", j'ai reçu quatre shillings pour la meilleure description de l'automne en deux lignes, et un shilling pour avoir deviné correctement les lettres manquantes dans BR-STOL, SH-FFIELD et H-LL. Beaucoup de concurrents sont tombés sur H-LL. J'ai reçu six shillings pour avoir donné les dates de la conquête normande, 1492 après J.-C., et de la guerre de Crimée, 1870. Bref, la chose était facile. Je pourrais dire que pour participer à ces concours, il faut avoir un certificat d'âge délivré par un membre du clergé. Mais j'en connais beaucoup.

VII.
Affaires en Angleterre. Recherché : plus de profiteurs

Il est à peine nécessaire de dire qu'un observateur aussi avisé que moi ne pouvait manquer d'être frappé par la situation des affaires en Angleterre. En traversant les villes industrielles et en remarquant qu'aucune fumée ne sortait des hautes cheminées et que les portes des usines étaient fermées, j'en ai été amené à conclure qu'elles étaient fermées.

En observant que les rues des centres industriels étaient partout remplies d'oisifs, je compris qu'ils étaient au chômage: et quand j'appris que les salles de cinéma étaient pleines chaque jour et que les salles de concert, les brasseries en plein air, le grand opéra, et les concerts religieux étaient bondés jusqu'à l'étouffement, j'en ai déduit que le pays souffrait d'une dépression sans précédent. Ce diagnostic s'est avéré tout à fait correct. On a librement estimé qu'à l'époque dont je parle, près de deux millions d'hommes étaient sans travail.

Mais il n'est pas nécessaire que les statistiques gouvernementales prouvent qu'en Angleterre, à l'heure actuelle, tout le monde semble pauvre, tout comme aux États-Unis, aux yeux du visiteur, tout le monde semble riche. En Angleterre, personne ne semble pouvoir se permettre quoi que ce soit ; aux États-Unis, tout le monde semble pouvoir tout se permettre. En Angleterre, personne ne fume le cigare : en Amérique, tout le monde le fait. Sur les chemins de fer anglais, les wagons de première classe sont vides : aux États-Unis, les « salons réservés » sont pleins. La pauvreté n'est sans doute qu'une question relative : mais un homme dont le revenu annuel était de 10 000 euros et aujourd'hui de 5 000 euros vit dans des « conditions réduites » : il se sent aussi pauvre que celui dont le revenu a été réduit de 5 000 euros. livres à trois, ou de cinq cents livres à deux. Ils sont tous dans le même bateau. Avec la baisse des dividendes et l'augmentation de l'impôt sur le revenu, la fermeture des usines, le fait de nourrir les chômeurs et d'essayer d'employer ceux qui ne le sont pas, les choses vont mal.

La cause sous-jacente est assez claire. La détresse économique dont souffre actuellement le monde est la conséquence inévitable de la guerre. Tout le monde le sait. Mais là où les gens diffèrent, c'est sur ce qui va se passer ensuite et sur ce que nous devons faire à ce sujet. Ici, l'opinion prend diverses formes. Certains en imputent le mark allemand : en laissant tomber leur mark, les Allemands, prétend-on, enlèvent à l'Angleterre toutes les affaires ; la chute du mark, en permettant aux Allemands de travailler plus et de manger moins que les Anglais, menace de chasser les Anglais de chez eux : si le mark continue à baisser encore, les Allemands nous surpasseront également en musique. littérature et en religion. Il s'agit donc d' obliger les Allemands à relever à nouveau le mark et de leur faire payer leur indemnité.

Une autre école de pensée plus populaire soutient une opinion totalement contraire. Tout le problème, disent-ils, vient du triste effondrement de l'Allemagne. Ces malheureux, trop occupés depuis quatre ans à détruire des biens de valeur en France et en Belgique pour s'occuper de leurs affaires intérieures, se trouvent maintenant effondrés : c'est notre premier devoir de les relever. Les Anglais devraient donc prendre tout l'argent qu'ils peuvent trouver et le donner aux Allemands. De cette manière, le commerce et l'industrie allemands connaîtront une telle relance que le port de Hambourg retrouvera son éclat d'antan et que les serveurs allemands réapparaîtront dans les hôtels de Londres. Après cela, tout ira bien.

S'exprimant avec toute la modestie d'un étranger et d'un visiteur de passage, je donne mon avis que le problème est ailleurs. Le danger d'un effondrement industriel en Angleterre ne vient pas de ce qui se passe en Allemagne mais de ce qui se passe en Angleterre elle-même. L'Angleterre, comme la plupart des autres pays du monde, souffre d'une extension excessive du gouvernement et du déclin de l'auto-assistance individuelle. Depuis six générations, l'industrie en Angleterre et en Amérique a prospéré grâce à l'effort individuel, suscité par la perspective d'un gain individuel. Chaque homme a acquis dès son enfance l'idée qu'il doit prendre soin de lui-même. Moralement, physiquement et financièrement, c'était la manière reconnue de s'en sortir. Le désir de faire fortune était considéré comme une ambition louable, un véritable stimulant à l'effort. Le vilain mot de « profiteur » n'avait pas encore été inventé. Il n'y avait pas d'impôt sur le revenu qui bouleversait les poches d'un homme et lui enlevait ses économies. Le monde était pour les forts.

Sous l'impulsion de cette évolution, les rouages de l'industrie bourdonnaient. Les usines couvraient le terrain. La production nationale a atteint une taille colossale et le monde extérieur tout entier semblait soumis au tribut de la grande industrie. En tant que système, c'était loin d'être parfait. Il contenait en lui toutes sortes d'injustices grossières, des revendications trop grandes, des salaires trop petits ; malgré la splendeur du premier plan, la pauvreté et la misère planaient dans les coulisses. Mais tel qu'il était, le système fonctionnait : et c'était le seul que nous connaissions.

Ou bien, tournons-nous vers un autre aspect de ce même principe d'entraide. Dans les premiers temps, le moyen d'acquérir des connaissances consistait à acheter une bougie de suif et à lire un livre après une journée de travail, comme le lisaient Benjamin Franklin ou Lincoln : et lorsque l'âme y était stimulée, alors le jeune aspirant devait économiser de l'argent, s'investir dans à l'université, vivre de rien, penser beaucoup et, au cours de cette famine et de ces efforts, devenir un homme érudit, avec en lui une fibre morale particulière qu'il n'est pas facile de reproduire aujourd'hui. Car aujourd'hui, la bougie est gratuite et le collège est gratuit et l'étudiant a à ses côtés une "Union" comme le club des profiteurs et une piscine et une ligue de théâtre et une société mixte pour laquelle il achète des roses de beauté à cinq dollars. un tas.

Ou tournez-vous si l'on veut vers le côté moral. L'ancienne façon d'être bon consistait à prier beaucoup et à faire beaucoup d'efforts de sa propre âme. Maintenant, cela est fait par un conseil de censure. Il n'est pas nécessaire de combattre le péché par la puissance de l'esprit : laissez le Conseil des censeurs le faire. Ensemble, avec trois ou quatre types de commissaires, ils sont censés tenir le péché à distance et fournir une garantie législative de justice de premier ordre. Comme raccourci vers la moralité et comme moyen d'économiser les efforts individuels, nos législatures élaborent des lois sur la moralité à grande échelle. Le législateur réglemente notre boisson, il commence déjà à nous prémunir contre la cigarette mortelle, il réglemente ici et là la longueur de nos jupes, il sauvegarde nos divertissements et dans deux États de l'Union américaine il propose même de nous sauver de l'enseignement de la théorie darwinienne de l'évolution. L'ancienne prière « Ne nous soumets pas à la tentation » est dépassée. La voie de la tentation est déclarée fermée par une loi du Parlement et par un amendement à la constitution des États-Unis. Et pourtant, curieusement, le ton moral du monde ne répond pas. Le monde est apparemment plus rempli de voyous, de braqueurs, de yegmen, de bandits, de voleurs de voitures, de grimpeurs de porche, d'observateurs, d'espions et de policiers véreux qu'il ne l'a jamais été ; jusqu'à ce qu'il semble presque que la méthode lente et démodée d'un effort de l'âme individuelle soit encore nécessaire avant que le monde ne soit rétabli.

Ce vaste nouveau système, celui qui consiste à s'appuyer sur le gouvernement, se répand comme un fléau sur l'Angleterre et l'Amérique, et partout où nous en souffrons. Le gouvernement, qui représente en théorie une union d'efforts et une économie de force, s'étend comme une pieuvre sur le territoire. C'est devenu comme un poids mort pour nous. Partout où cela touche l'industrie, cela la paralyse. Il gère les chemins de fer et enregistre un lourd déficit : il construit des navires et perd de l'argent sur ceux-ci ; il exploite les navires et perd encore de l'argent : il accumule des impôts pour combler le vide et, lorsqu'il a tué l'emploi, il ouvre un bureau de chômage et publie un rapport sur la dépression de l'industrie.

Or, la seule façon de restaurer la prospérité est de redonner à l'individu la possibilité de gagner de l'argent, d'en gagner beaucoup, et lorsqu'il l'a, de le conserver. Malgré toutes les ravages de la guerre, les ressources naturelles de notre planète sont à peine touchées. Ici et là, comme dans certaines régions de Chine, d'Angleterre et de Belgique, avec environ sept cents habitants par kilomètre carré, le monde est assez bien rempli. Il n'y a que des places debout.

Mais il reste encore de vastes espaces vides. À elle seule, la Mésopotamie possède des millions d'acres de terres à blé potentielles, sur lesquelles quelques Arabes sont accroupis. Le Canada pourrait facilement accueillir un demi-million de colons par an pendant une génération à venir. La partie la plus fertile du monde, la vallée de l'Amazonie, est encore intacte : elle est si fertile que sur des dizaines de milliers de kilomètres carrés elle est recouverte d'arbres, un simple enchevêtrement de vie, défiant toute entrée. L'idée de notre humanité marchant tristement dans les rues de Glasgow ou assise tristement en train de pêcher sur les quais de l'Hudson, sans travail, serait risible si ce n'était du pathétique de celle-ci.

Le monde est sans travail pour la simple raison qu'il a tué la poule aux œufs d'or de l'industrie. Par la fiscalité, par la législation, par le sentiment populaire partout dans le monde, le capitaliste a été dénigré. Et partout dans le monde, le capital est effrayé. Il va se cacher sous la forme d'un investissement dans une obligation de victoire, chose qui n'est qu'un nom particulier pour une dette, sans aucun effort productif derrière elle et n'indiquant qu'un poids mort d'impôts. Là, le capital est assis comme une grenouille taureau cachée derrière des nénuphars, refusant de bouger.

Par conséquent, la manière de restaurer la prospérité n'est pas de multiplier les ministères et les dépenses gouvernementales, ni de nommer des commissions et d'accumuler des dettes, mais de remettre en marche la machinerie d'un effort productif audacieux. Supprimez tous les impôts sur les bénéfices excessifs et les super-impôts sur le revenu, ainsi que la plus grande partie de l'impôt sur le revenu lui-même, autant que possible en licenciant massivement les employés du gouvernement, puis donnez à l'industrie une cible sur laquelle tirer. Ce qu'il faut maintenant, ce n'est pas la multiplication des rapports gouvernementaux, mais l'industrie des entreprises, la création de sociétés foncières, de sociétés de développement, de sociétés d'irrigation, de toute sorte de société qui fera sortir les capitaux privés de leurs cachettes, offrira des emplois à des millions de personnes et lancera le les roues bougent à nouveau. Si les promoteurs de telles sociétés gagnent actuellement d'énormes fortunes, la société n'en est pas moins pire : et de toute façon, l'humanité étant ce qu'elle est, ils restitueront une grande partie de ce qu'ils ont acquis en échange d'un LL.D. degrés, ou des morceaux de ruban bleu, ou des compagnons du bain, ou n'importe quelle sorte de perle de verre qui convient à la fantaisie du millionnaire à la retraite.

La prochaine chose à faire est donc de « licencier » les fonctionnaires du gouvernement et de ramener les profiteurs. Quant à savoir quels fonctionnaires seront licenciés en premier, cela n'a pas beaucoup d'importance. En Angleterre, les gens ont été très perturbés quant à l'usage qui pourrait être fait d'instruments tels que la « hache Geddes » : le tranchant de la hache du licenciement semble si terriblement aiguisé. Mais il n'y a pas lieu de s'inquiéter. Si le tranchant de la hache est trop tranchant, frappez avec le dos de celle-ci.

Quant au profiteur, ramenez-le. Il s'agit en réalité de la même personne qu'on appelait il y a quelques années Capitaine de l'Industrie, Bâtisseur d'Empire et Créateur de Nation. Ce sont les temps qui ont changé, pas les hommes. Il est toujours là, tout aussi cupide et rapace que jamais, mais pas plus cupide : et nous avons exactement le même besoin social de sa cupidité comme force motrice dans l'industrie que nous avons jamais eu, et même un besoin pire qu'auparavant.

Nous avons besoin de lui non seulement dans les affaires mais dans tout le cadre de la vie, ou si ce n'est pas lui personnellement, nous avons besoin de l'esprit avide, égoïste, mais dépendant de l'homme qui prend soin de lui-même et ne veut pas recevoir une éducation à la cuillère. et un emploi gouvernemental en alternance avec une allocation gouvernementale et un ensemble de morales définies pour lui par un conseil de censure. Ramenez le profiteur : allez le chercher sur la Riviera, dans sa campagne sur l'Hudson, ou dans n'importe quel endroit où il s'est retiré avec sa boîte en fer blanc pleine de bons de la victoire. S'il le faut, allez le chercher au pénitencier, enlevez-lui les galons et dites-lui de se remettre au travail. Montrez-lui la carte du monde et demandez-lui de choisir quelques endroits probables. L'avidité entraînée du coquin les retrouvera dans un instant. Écrivez-lui ensuite une concession pour le charbon en Asie Mineure ou le pétrole dans le bassin du Mackenzie ou pour l'irrigation en Mésopotamie. A peine l'encre sera-t-elle sèche que les capitaux commenceront à affluer : ils viendront de toutes sortes d'endroits d'où le gouvernement ne pourrait jamais les attirer et où le percepteur ne pourrait jamais les trouver. Promettez simplement qu'il ne sera pas supprimé et que le flux de capitaux qui se tarit dans les sables de la mauvaise gestion du gouvernement coulera dans les mains de l'industrie privée comme une rivière d'or.

Et d'ailleurs, quand le profiteur a fini son travail, on peut toujours le remettre au pénitencier si on veut. Mais nous avons besoin de lui maintenant.

VIII.
La prohibition arrive-t-elle en Angleterre ?

Aux États-Unis et au Canada, le principal sujet de conversation polie est désormais la prohibition. À chaque dîner, le service des cocktails introduit immédiatement le sujet : le reste du dîner est animé tout au long de la discussion sur les trafiquants de rhum, les contrebandiers, le stockage de l'alcool et la constitution de l'État du New Jersey. Sous cette influence, toutes les valeurs sociales et conversationnelles sont déplacées et réorganisées. Un homme « érudit » ne signifie plus un homme qui sait bien s'exprimer sur des sujets littéraires, mais un homme qui comprend le dix-huitième amendement et peut expliquer la différence juridique entre les lois d'application telles que la loi Volstead et la législation sous-jacente de l'État. Un « scientifique » (précieux dans ces conversations) est un homme qui peut faire clairement la distinction entre les pourcentages d'alcool en vrac et en poids. Et un « ingénieur brillant » désigne un homme qui explique comment fabriquer de la bière maison avec du punch. De même, un « raconteur » désigne un homme qui a une collection d'histoires amusantes sur les « contrebandiers » et un « voyageur intéressant » désigne un homme qui a été à La Havane et peut expliquer à quel point il fait humide. En effet, toute la conception du voyage et de l'intérêt pour l'étranger est désormais modifiée : dès que quelqu'un mentionne qu'il a été dans un pays étranger, toute la compagnie demande d'un seul coup : « Est-ce que c'est sec ? La question « Comment vont les Samoa ? » ou "Comment va la Turquie?" ou "Comment va la Colombie-Britannique?" ne fait plus référence au climat ou aux ressources naturelles : cela signifie « L'endroit est-il sec ? Lorsqu'une telle question est posée et que la réponse est "C'est mouillé", il y a un profond gémissement tout autour de la table.

Je comprends que lorsque la récente conférence sur le désarmement s'est réunie à Washington, juste au moment où les membres allaient s'asseoir à la table, M. Briand a dit au président Harding : « De toute façon, à quel point les États-Unis sont-ils secs ? Et toute l'assemblée en a parlé pendant une demi-heure. C'est pourquoi les premiers bulletins des journaux disaient simplement : « La Conférence échange ses lettres de créance ».

En tant que découvreur de l'Angleterre, je me suis donc fixé un de mes principaux soucis d'essayer d'obtenir des informations précises sur ce sujet. J'étais bien conscient qu'immédiatement à mon retour au Canada, la première question qu'on me poserait serait : « L'Angleterre est-elle en train de se tarir ? J'ai réalisé que dans tout rapport que je pourrais faire à la National Geographical Society ou à la Political Science Association, les membres de ces organismes, étant des universitaires, voudraient des informations précises sur le prix du whisky, le pourcentage d'alcool et les heures d'ouverture. et fermer les salons.

Ma première impression à ce sujet a été, je dois le dire, celle d'un grave choc moral. En arrivant en Angleterre après avoir passé l'été en Ontario, cela semblait terrible de voir des gens boire ouvertement dans un train anglais. Dans un train de l'Ontario, comme chacun le sait, il n'y a aucun moyen de prendre un verre, sauf en grimpant sur le toit, en s'allongeant sur le ventre et en buvant une gorgée dans une gourde. Mais en Angleterre, dans n'importe quel wagon-restaurant, on voit un serveur s'approcher d'une personne en train de dîner et lui dire : « De la bière, monsieur, ou du vin ? Cela se fait en plein jour, sans sentiment apparent de criminalité ou de honte morale. Aussi épouvantable que cela puisse paraître, la bière en bouteille est ouvertement vendue dans les trains à vingt-cinq cents la bouteille et le sherry sec à dix-huit cents le verre.

Quand j'ai vu cela pour la première fois, je m'attendais à voir le serveur arrêté sur-le-champ. J'ai regardé autour de moi pour voir s'il y avait des « observateurs », des détectives ou des hommes des services secrets dans le train. Je m'attendais à ce que le conducteur du train apparaisse et jette le serveur hors de la voiture. Mais ensuite j'ai réalisé que j'étais en Angleterre et que dans les îles britanniques, on tolère encore la consommation d'alcool. En effet, je doute qu'ils soient même conscients qu'ils « consomment de l'alcool ». Leur impression est qu'ils boivent de la bière.

Au début de ma discussion, je préfacerai donc quelques faits et statistiques exacts à l'usage des sociétés géographiques, des corps savants et des commissions gouvernementales. La quantité de bière consommée en Angleterre au cours d'une période donnée est d'environ 200 000 000 de gallons. La durée de vie d'une bouteille de whisky écossais est de sept secondes. Le nombre de pubs, ou « pubs », dans la campagne anglaise est d'un pour chaque demi-mile. Le pourcentage de la classe ouvrière qui boit de la bière est de 125 : le pourcentage de la classe sans travail qui boit de la bière est de 200.

De telles statistiques ne donnent cependant pas de réponse définitive à la question : « La prohibition arrive-t-elle en Angleterre ? Ils montrent simplement que ce n'est pas le cas actuellement. La question elle-même recevra des réponses d'autant de manières différentes qu'il existe différents types de personnes. N'importe quel prohibitionniste vous dira que l'arrivée de la prohibition en Angleterre est aussi certaine que l'éclipse prochaine du soleil. Mais il en est toujours ainsi. Il est dans la nature humaine que les gens soient impressionnés par la cause pour laquelle ils travaillent. J'ai connu un jour un pasteur de l'Église écossaise qui a fait le tour du monde : il a dit que ce qui l'avait le plus impressionné était la croissance du presbytérianisme au

Japon. C'est sans aucun doute le cas. Lorsque l'équipe de crosse d'Orillia a fait son voyage en Australie, elle a déclaré à son retour que la crosse se répandait partout dans le monde. De la même manière, on dit que la Science Chrétienne, la représentation proportionnelle, le militarisme, le sentiment de paix, la barbarie, l'altruisme, la psychanalyse et la mort due à l'alcool de bois se répandent dans le monde entier. Ce sont ce qu'on appelle les mouvements mondiaux.

Mon propre jugement concernant la prohibition dans les îles britanniques est le suivant : en Écosse, la prohibition ne vient pas : au contraire, elle disparaît. En Irlande, l'interdiction ne sera introduite que lorsque les autres formes de problèmes seront épuisées. Mais en Angleterre, je pense que cette interdiction pourrait facilement intervenir à moins que les Anglais ne réalisent où ils dérivent et ne fassent demi-tour. Ils en sont déjà aux premiers stades du mouvement.

En ce qui concerne d'abord l'Écosse, il n'y a aucune crainte, dis-je, que la prohibition y soit adoptée : et cela pour la simple raison que les Écossais ne boivent pas. J'ai fait allusion ailleurs à l'extraordinaire malentendu qui existe à l'égard du peuple écossais et de son sens de l'humour. Je trouve une erreur populaire similaire concernant l'utilisation du whisky par les Scotchs. Parce qu'ils fabriquent le meilleur whisky du monde, les Scotchs, dans l'imaginaire populaire, sont souvent considérés comme dépendants de sa consommation. C'est purement une illusion. Pendant les deux ou trois agréables semaines passées à donner des conférences en Écosse, je n'ai jamais vu le whisky être utilisé comme boisson. J'ai vu des gens le prendre, bien sûr, comme médicament, ou comme précaution, ou comme sage compensation contre un climat plutôt traître ; mais comme boisson, jamais.

La manière et les circonstances dans lesquelles ils ont offert du whisky à un étranger illustrent amplement leur point de vue à son égard. Ainsi, lors de ma première conférence à Glasgow, où je devais comparaître devant un auditoire nombreux et élégant, le président m'a dit dans la salle du comité qu'il craignait qu'il n'y ait un projet sur l'estrade. C'était là une affaire sérieuse. Pour un conférencier qui doit gagner sa vie de son métier, une ébauche sur la plateforme n'est pas une chose à négliger. Cela pourrait le tuer. Il n'est pas non plus tout à fait sécuritaire pour le président lui-même, un homme déjà dans la vie moyenne, d'être exposé à un courant d'air froid. Dans ce cas, le président a donc suggéré qu'il pensait qu'il serait « prudent » – c'était son mot, « prudent » – que je prenne une petite goutte de whisky avant de prendre le courant d'air. En retour, je lui dis que je ne pouvais pas songer à ce qu'il m'accompagne jusqu'au quai à moins qu'il ne me permette d'insister pour qu'il prenne une précaution très raisonnable. Le whisky pris dans ces conditions semble non seulement être un devoir, mais il a meilleur goût.

De la même manière, je constate qu'en Ecosse, il est très souvent nécessaire de prendre quelque chose à boire pour des raisons purement météorologiques. On ne peut tout simplement pas se fier à la météo. Un homme peut s'apercevoir qu'en « sortant face au mauvais temps », il est submergé par un épais brouillard, une avalanche de neige ou une tempête de pluie battante. Dans un tel cas, une simple goutte de whisky pourrait lui sauver la vie. Ce serait une folie de ne pas l'accepter. Encore une fois, « venir à l'abri du mauvais temps » est une chose avec laquelle il ne faut pas prendre à la légère. Une personne arrivant sans préparation et sans protection peut être atteinte d'angine de poitrine ou d'appendicite et mourir sur le coup. Aucune personne raisonnable ne refuserait la simple précaution de prendre une petite goutte immédiatement après son entrée.

Je trouve que, au total, dix-sept raisons sont avancées en Écosse pour justifier la consommation de whisky. Ils courent comme suit : Raison un, parce qu'il pleut ; Deuxièmement, parce qu'il ne pleut pas ; Troisièmement, parce que vous sortez simplement face au mauvais temps ; Quatre, parce que vous venez de rentrer du mauvais temps ; Cinq; non, j'oublie ceux qui viennent après. Mais je me souviens que la raison numéro dix-sept est « parce que cela ne peut vous faire aucun mal ». Dans l'ensemble, la raison dix-sept est la meilleure.

En d'autres termes, cela signifie que les Scotchs utilisent le whisky avec dignité et sans honte : et ils ne l'appellent jamais alcool.

En Angleterre, le cas est différent. Déjà les Anglais montrent les premiers signes qui indiquent l'approche possible de la prohibition. Partout en Angleterre, il existe déjà d'étranges réglementations concernant les heures de fermeture des pubs. Ils ouvrent et ferment selon les différentes réglementations de la commune. Dans certains endroits, ils ouvrent à six heures du matin, ferment pendant une heure de neuf à dix heures, ouvrent ensuite jusqu'à midi, ferment dix minutes, et ainsi de suite ; dans certains endroits, ils sont ouverts le matin et fermés le soir ; ailleurs, ils sont ouverts le soir et fermés le matin. L'idée ancienne était qu'un pub en bord de route était un lieu de subsistance et de confort, un besoin humain qui pouvait être recherché à toute heure. C'était dans la même classe que le canot de sauvetage ou l'ambulance de secours. Selon l'ancienne loi commune, l'aubergiste devait fournir de la viande et des boissons à toute heure. S'il dormait, le voyageur pourrait le réveiller. Et à cette époque, la viande et la boisson étaient considérées de la même manière. Notez à quel point le changement est important. Dans la vie moderne en Angleterre, il n'y a rien pour quoi on ose réveiller un homme, à part l'essence. Le simple fait que vous ayez besoin d'un verre ne vous donne plus le droit de rompre son repos.

C'est surtout à Londres que l'on ressent toute la force des règles de "clôture". Les bars s'ouvrent et se ferment à intervalles comme des marguerites clignotant au soleil. Et comme les fleurs le soir elles ferment leurs pétales avec l'obscurité. A Londres, on a déjà adopté les expressions meurtrières des prohibitionnistes, telles que « trafic d'alcool », « trafic de boissons alcoolisées », etc. : et déjà, la « vente de spiritueux » s'arrête absolument vers onze heures du soir.

Cela signifie qu'après les heures de théâtre, Londres est une « ville aux nuits épouvantables ». Les gens du théâtre se précipitent chez eux. Les lumières sont éteintes aux fenêtres. Les rues s'assombrissent. Seul un taxi en retard circule encore. A minuit, l'endroit est désert. A 1 heure du matin, les pas persistants résonnent dans la rue vide. Ici et là, un restaurant dans une rue à la mode fait semblant de rester ouvert après les dîners de théâtre. Des gens étranges, épaves grelottantes des soirées théâtrales, se blottissent ici et là. Un serveur sombre pose une sardine sur la table. Les convives chargent leurs verres avec de l'Eau Perrier, de l'Eau Lithia, du Citrate de Magnésie ou du Bromo Seltzer. Ils mangent la sardine et disparaissent dans la nuit. Même Oshkosh, dans le Wisconsin, ou Middlebury, dans le Vermont, ne sont pas plus calmes que la vie nocturne de Londres. Il peut sans doute sembler judicieux de se coucher tôt.

Mais c'est une chose terrible de se coucher tôt en vertu d'une loi du Parlement.

Tout cela signifie que le peuple anglais n'est pas confronté de manière équitable et directe à la question de la prohibition. S'ils ne voient aucun mal à « consommer de l'alcool », ils devraient le dire et laisser leur code de réglementation refléter ce fait. Mais « fermer », « réguler » et « réprimer » le « trafic de l'alcool », sans aucune protestation franche, signifie laisser toute l'affaire se dérouler par défaut. Dans ces circonstances, une minorité organisée et active peut toujours gagner et imposer sa volonté à la foule.

Quand j'étais en Angleterre, je me suis amusé un jour à écrire un tableau imaginaire de ce que sera l'Angleterre lorsque la dernière étape sera atteinte et que Londres suivra le chemin de New York et de Chicago. Je l'ai présenté sous la forme d'une lettre d'un prohibitionniste américain dans laquelle il décrit le triomphe final de la prohibition en Angleterre. Avec la permission du lecteur, je le reproduis ici :

L'AVÈNEMENT DE LA PROHIBITION EN ANGLETERRE

Tel qu'écrit dans la correspondance d'un visiteur américain

Comme je suis heureux d'avoir vécu pour voir cette merveilleuse réforme

de prohibition enfin accomplie en Angleterre. Il y a

quelque chose de si difficile chez les Britanniques, de si ferme, de si dur

bouger.

Nous avons tout essayé dans la grande campagne que nous avons réalisée, et

pendant très longtemps, cela ne semblait pas fonctionner. Nous avions des processions,

tout comme nous l'avons fait chez nous en Amérique, avec de superbes banderoles

transporté avec l'inscription : "Voulez-vous sauvegarder

le garçon ? » Mais ces gens regardaient et disaient : « Mon garçon ? Garçon?

Quel garçon ? » Nos ouvriers étaient presque découragés. « Oh, monsieur, »

dit l'un d'eux, un ancien barman de l'Oklahoma, "ça fait

cela semble si dur que nous avons une interdiction totale aux États-Unis

et ici, ils peuvent obtenir toute la boisson qu'ils veulent. " Et le bon

le gars s'est effondré et a sangloté.

Mais c'est enfin arrivé. Après les efforts les plus formidables, nous

réussi à faire déguerpir cette nation, et pendant plus d'un

Depuis un mois, l'Angleterre est au sec. J'aurais aimé que tu puisses avoir

été témoin des scènes, tout comme ce que nous avons vu chez nous à

Amérique, quand on a appris que le projet de loi avait été adopté. Le

les membres de la Chambre des Lords se sont tous levés sur leur siège

et a crié : "Rah ! Rah ! Rah ! Qui est sec ? Nous le sommes !" Et le

les brasseurs et les aubergistes vidaient leurs fûts de bière

dans la Tamise comme à Saint-Louis ils vidaient la bière

dans le Mississippi.

Je ne peux pas vous dire avec quel plaisir j'ai regardé un groupe de

membres de l'Athenaeum Club assis sur la rive du

Tamise et ouverture des bouteilles de champagne et les verser

dans la rivière. « Dire, me dit l'un d'eux, que

il fut un temps où je buvais quelques litres de

ces trucs terribles tous les soirs. » Je lui ai demandé de me donner un

quelques bouteilles en souvenir, et j'ai eu d'autres souvenirs,

whisky et liqueurs, quand les membres du Beefsteak Club

ils vidaient leurs caves dans Green Street ; donc quand

tu viens, je pourrai bien sûr encore te donner

un verre.

Comme je l'ai dit, nous sommes au sec depuis seulement un mois, et pourtant

nous obtenons déjà les mêmes résultats splendides que dans

Amérique. Tous les grands dîners sont désormais aussi raffinés et aussi

l'élévation et les discours du dîner aussi longs et informels que

ils sont à New York ou à Toronto. L'autre soir, lors d'un dîner

au White Friars Club, j'ai entendu Sir Owen Seaman parler,

pas de la manière légère et futile qu'il avait l'habitude d'avoir, mais tout à fait

différemment. Il a parlé pendant plus d'une heure et demie sur le

propriété de l'État du système ferroviaire chinois, et j'ai presque

je me croyais à Boston.

Et la classe ouvrière aussi. C'est tout simplement merveilleux comment

l'interdiction a accru leur efficacité. Dans les vieux jours

ils abandonnaient leur travail dès que l'heure sonnait. Maintenant

ils refusent tout simplement de le faire. J'ai remarqué hier un contremaître

chargé d'une opération de construction tentant en vain d'appeler le

les maçons à terre. « Venez, venez, messieurs, cria-t-il, je

Je dois insister pour que vous vous arrêtiez pour la nuit. » Mais ils ont juste

a continué à poser des briques plus vite que jamais.

Bien entendu, il existe encore quelques légères difficultés et

carences, tout comme il y en a chez nous en Amérique. Nous avons

j'ai eu les mêmes problèmes avec l'alcool de bois (on l'appelle

ici l'alcool à brûler), avec les mêmes résultats déplorables.

Certains jours, la liste des décès est très grave, et d'autres

Dans certains cas, nous perdons des hommes dont nous pouvons difficilement nous passer. Un grand nombre de

nos principaux acteurs — en fait, la plupart d'entre eux — sont morts. Et là

a été une lourde perte également parmi la classe littéraire et dans

la profession juridique.

Il y a eu une scène très douloureuse la semaine dernière au dîner de

les conseillers de Gray's Inn. Il semble que l'un des chefs

les juges s'étaient engagés à préparer des bières maison pour les conseillers,

tout comme les gens de notre côté de l'eau. Il en a un

des serveurs pour lui apporter du houblon et trois crus

des pommes de terre, un sachet de levure et de l'eau bouillante. Dans le

À la fin, quatre des conseillers ont été exécutés morts. Mais ils

vont leur faire des funérailles publiques à l'abbaye.

J'ai le regret de dire que la liste des morts dans la Royal Navy est

très lourd. Certains des meilleurs marins sont partis, et c'est

très difficile de garder les amiraux. Mais j'ai essayé d'expliquer

aux gens ici que ce ne sont que des choses que l'on

il faut s'attendre, et qu'avec un peu de patience, ils

avoir des amiraux et des hommes d'État à sec tout aussi bons

comme les mouillés. Même le clergé peut être asséché par

fermeté et persévérance.

Ici aussi, il y a eu une légère sensation lorsque le Chancelier
de l'Échiquier a apporté son premier crédit pour
maintenir l'interdiction. De notre point de vue en Amérique,
c'était assez modeste. Mais ces gens n'y sont pas habitués.
La chancelière a simplement demandé dix millions de livres par mois
pour commencer; il expliqua que sa tâche était lourde ; il doit
police, non seulement sur toute la côte, mais aussi à l'intérieur ;
pour les seules collines des Grampian en Écosse, il demanda un million.
De nombreuses questions ont été posées à la Chambre à propos de ces
Les figures. On a demandé au Chancelier s'il avait l'intention de conserver un
un espion engagé à chaque coin de rue de Londres. Il a répondu,
"Non, seulement dans toutes les autres rues." Il a ajouté également que chaque
l'espion doit porter un collier en laiton avec son numéro.

Je dois l'admettre en outre, et je suis désolé de devoir vous le dire
ça, que maintenant nous avons l'interdiction, ça devient
de plus en plus difficile de prendre un verre. En fait, parfois,
surtout très tôt le matin, c'est le plus
peu pratique et presque impossible. Les maisons publiques étant
fermée, il faut entrer dans une pharmacie — tout comme elle
est avec nous - et appuyez-vous contre le comptoir et faites un
des gargouillis ressemblent à une apoplexie. On voit souvent ces apoplexies
les caisses étaient alignées sur quatre.

Mais les gens trouvent des substituts, tout comme ils le font avec
nous. Il y a une énorme ruée vers les médicaments brevetés, les parfums,
colle et acide nitrique. Il a été constaté que le savon de Shears
contient de l'alcool, et on voit des gens manger partout
des gâteaux. Les classes supérieures se sont mises à chiquer du tabac

très considérablement, et l'usage de l'opium à la Maison des

Lords a considérablement augmenté.

Mais je ne veux pas que tu penses que si tu viens ici pour

voyez-moi, votre vie privée sera d'une manière ou d'une autre altérée ou

raccourci. Je suis heureux de dire que j'ai beaucoup de riches

connexions dont les caves sont très amplement approvisionnées. Le duc

de Blank aurait 5 000 caisses de whisky écossais, et

J'ai réussi à obtenir une carte de présentation de son majordome.

En fait, vous constaterez que, tout comme chez nous en Amérique, le

le bénéfice de l'interdiction est destiné à retomber sur les plus pauvres

Des classes. Il n'y a aucune volonté de s'immiscer dans les affaires des riches.

IX.
"Nous avons avec nous ce soir"

NON seulement pendant ma tournée en Angleterre, mais depuis de nombreuses années, j'ai eu pour mission de parler et de donner des conférences dans toutes sortes d'endroits, dans toutes sortes de circonstances et devant toutes sortes de publics. Je dis cela, non par vantardise, mais avec tristesse. En effet, je n'en parle que pour établir le fait que lorsque je parle de conférenciers et d'intervenants, je parle de ce que je sais.

Peu de gens se rendent compte à quel point les conférences publiques sont pénibles et désagréables. Le public voit le conférencier monter sur l'estrade avec son petit gilet blanc et son habit à longue queue et avec un faux air de prestidigitateur, et il le croit heureux. Après une dizaine de minutes de son discours, ils en ont assez de lui. La plupart des gens se lassent d'un cours de dix minutes ; les gens intelligents peuvent le faire en cinq heures. Les gens sensés ne vont jamais du tout aux cours. Mais les gens qui vont à une conférence et qui en ont assez d'y assister, en ont pour le moment une sorte de rancune contre le conférencier personnellement. En réalité, ses souffrances sont pires que les leurs.

Pour ma part, j'essaie toujours de paraître aussi heureux que possible pendant que je donne un cours. Je considère que cela fait partie du métier de quiconque est qualifié d'humoriste et payé comme tel. Je n'ai aucune sympathie pour l'idée selon laquelle un humoriste devrait être un personnage lugubre au visage empreint de mélancolie. Il s'agit d'un effet bon marché et élémentaire appartenant au niveau d'un clown de cirque. L'image du « rire secouant ses deux côtés » est l'image la plus vraie de la comédie. C'est pourquoi, dis-je, j'essaie toujours de paraître joyeux lors de mes conférences et même de rire de mes propres blagues. Curieusement, cela suscite une sorte de ressentiment chez une partie du public. "Eh bien, je dirai", m'a dit une femme à l'air sévère qui m'a parlé après l'une de mes conférences, "vous semblez certainement apprécier votre propre plaisir." "Madame," répondis-je, "si je ne le faisais pas, qui le ferait ?" Mais en réalité, le métier de conférencier n'est qu'une longue variation d'ennui et de fatigue. Je me propose donc d'exposer ici quelques-unes des nombreuses épreuves que le conférencier doit supporter.

Le premier des problèmes que rencontre dès le début quiconque commence à donner des conférences publiques, c'est que le public ne viendra pas l'entendre. Cela se produit invariablement et constamment, et non à cause d'une faute ou d'un défaut de l'orateur.

Je ne dis pas que cela m'est arrivé très souvent lors de mon séjour en Angleterre. Dans presque tous les cas, j'ai eu un public bondé : en divisant l'argent que j'ai reçu par le nombre moyen de personnes présentes pour m'entendre, j'ai calculé qu'elles payaient treize cents chacune. Et mes conférences valent évidemment treize centimes. Mais chez moi, au Canada, j'ai très souvent tenté l'expérience fatale de donner des conférences pour rien : et dans ce cas, le public ne vient tout simplement pas. Un homme sortira le soir lorsqu'il saura qu'il va entendre une conférence de première classe à treize cents ; mais quand la chose est donnée pour rien, pourquoi y aller ?

La ville dans laquelle je vis est envahie par de petites sociétés, clubs et associations, qui veulent toujours qu'on s'adresse à eux. C'est du moins le cas en apparence. En réalité, les sociétés sont composées de présidents, de secrétaires et de fonctionnaires qui souhaitent que leur fonction soit visible, ainsi que d'une longue liste d'autres membres qui ne viendront pas aux réunions. Pour une telle association, l'orateur invité qui doit donner une conférence gratuitement prépare sa conférence sur « Les facteurs indo-germaniques dans le courant de l'histoire ». S'il est professeur, il y passe tout l'hiver. Vous pouvez passer chez lui à tout moment et sa femme vous dira qu'il est « à l'étage en train de travailler sur sa conférence ». S'il descend, c'est en pantoufles et en robe de chambre. Sa vision mentale de sa réunion est celle d'un immense rassemblement de personnes enthousiastes aux visages indo-germaniques, accrochées à chaque mot.

Vient ensuite la nuit fatale. Il y a dix-sept personnes présentes. Le conférencier refuse de les compter. Il les appelle ensuite « une centaine ». À ce groupe, il lit son article sur le facteur indo-germanique. Cela lui prend deux heures. Lorsqu'il a terminé, le président invite à la discussion. Il n'y a pas de discussion. Le public est prêt à laisser les facteurs indo-germaniques sans contestation. Ensuite, le président prononce ce discours. Il dit:

"Je suis vraiment désolé que nous ayons eu une si faible participation ce soir. Je suis sûr que les membres qui n'étaient pas ici ont manqué un véritable régal dans le délicieux journal que nous avons écouté. Je veux pour assurer le conférencier que s'il revient au Owl's Club, nous pouvons lui garantir la prochaine fois une salle pleine. Et tous les membres, s'il vous plaît, qui n'ont pas payé leur dollar cet hiver, le paieront-ils soit à moi, soit à M. Sibley. alors qu'ils s'évanouissent.

J'ai entendu ce discours (dans les années où j'ai dû l'écouter) tellement de fois que je le connais par cœur. J'ai fait la connaissance du Owl's Club sous tant de noms que je le reconnais immédiatement. Je suis conscient que ses membres refusent de se déplacer par temps froid ; qu'ils ne se révèlent pas par temps pluvieux ; que quand il fait vraiment beau, il est impossible de les réunir ; que la moindre contre-attraction, un match de hockey, un concert sacré, leur monte aussitôt à la tête.

Il fut un temps où j'étais le nouvel occupant d'une chaire d'université et je devais m'adresser au Owl's Club. C'est une pénalité que paient tous les nouveaux professeurs ; et les hiboux les frappent comme des chauves-souris. C'est une des compensations de mon âge que je sois libéré pour toujours du Owl's Club. Mais à l'époque où je devais encore m'adresser à eux, j'avais l'habitude de le retirer des Hiboux dans un discours, prononcé, en imagination seulement et non à voix haute, devant l'assemblée des dix-sept Hiboux, après que le président eut fait son discours. remarques finales. Cela s'est déroulé comme suit :

« Messieurs, si vous l'êtes, ce dont je doute. Je me rends compte que l'article que j'ai lu sur « Hegel était-il déiste ? a été une erreur. J'ai passé tout l'hiver là-dessus et maintenant je me rends compte qu'aucun de vous ne sait qui était Hegel ou ce qu'est un déiste. C'est fini maintenant, et j'en suis content. ceci, seulement cela, qui ne vous fera pas tenir une minute. Votre président a eu la bonté de dire que si je reviens, vous réunirez un public nombreux pour m'entendre. Laissez-moi vous dire que si votre société attend sa prochaine. Je vous rencontrerai jusqu'à ce que je revienne vous parler, vous attendrez en effet, messieurs, je le dis très franchement, ce sera dans un autre monde.

Mais je passe outre le public. Supposons qu'il y ait un véritable public et supposons qu'ils soient tous dûment rassemblés. Il incombe alors à ce sombre gentleman – que les journaux appellent facétieusement le « génial président » – de nuire au conférencier. Dans neuf cas sur dix, il peut le faire. Certains présidents développent en effet un grand don pour cela. Voici un ou deux exemples tirés de ma propre expérience :

"Mesdames et messieurs", a déclaré le président d'une société dans une petite ville de campagne de l'ouest de l'Ontario, où j'étais venu en tant que conférencier rémunéré (très humblement payé), "nous avons avec nous ce soir un gentleman" (ici il a fait une tentative de lire mon nom sur une carte, n'y parvint pas et remit la carte dans sa poche) - "un monsieur qui doit nous faire une conférence sur" (ici il regarda à nouveau sa carte) - "sur les Anciens Anciens, — Je ne vois pas très bien de quoi il s'agit — La Grande-Bretagne antique ? Merci, sur la Grande-Bretagne antique. Maintenant, c'est la première de notre série de conférences pour cet hiver. La dernière série, comme vous le savez tous, n'était pas une. succès. En fait, nous sommes sortis en déficit à la fin de l'année. Cette année, nous lançons donc une nouvelle ligne et tentons l'expérience des talents moins chers.

Ici, le président m'a gracieusement fait un signe de la main et il y a eu un certain nombre d'applaudissements. "Avant de m'asseoir", a ajouté le président, "je voudrais dire que je suis désolé de constater un si faible taux de participation ce soir et demander à tous les membres qui n'ont pas payé leur dollar de le payer. soit à moi, soit à M. Sibley alors qu'ils s'évanouissent.

Que tous ceux qui connaissent la déconfiture de se présenter devant un public, quelles que soient les conditions, jugent ce que l'on ressent en rampant devant eux, étiquetés comme des talents moins chers.

Une autre manière charmante par laquelle le président s'efforce de mettre de bonne humeur à la fois l'orateur de la soirée et le public, consiste à lire à haute voix des lettres de regret de personnes qui ne peuvent être présentes. Bien entendu, cela ne concerne que les grandes occasions où l'orateur a été invité à se présenter sous des auspices très spéciaux. C'était mon destin, il n'y a pas longtemps, d'« apparaître » (c'est le mot correct à utiliser à ce propos) à ce titre alors que je parcourais le Canada pour essayer de récolter de l'argent pour venir en aide aux Belges. J'ai voyagé en grande gloire avec un laissez-passer sur le chemin de fer Canadien Pacifique (qui n'a pas été prolongé depuis : les responsables de la route le notent gentiment) et j'ai été très généreusement diverti partout où j'allais.

Il appartenait donc au président, lors de réunions comme celles-ci, d'essayer de donner une distinction ou un cachet spécial à la réunion. Voici comment cela a été fait :

" Mesdames et messieurs, " dit le président en se levant de son siège sur l'estrade avec une petite liasse de papiers à la main, " avant de présenter l'orateur de la soirée, j'ai un ou deux points que je voudrais vous lire. ". Ici, il bruisse ses papiers et il y a un profond silence dans la salle pendant qu'il en sélectionne un. "Nous espérions avoir parmi nous ce soir sir Robert Borden, premier ministre de ce Dominion. Je viens de recevoir un télégramme de sir Robert dans lequel il dit qu'il ne pourra pas être ici" (grands applaudissements). Le président lève la main pour demander le silence, prend un autre télégramme et continue : « Notre comité, mesdames et messieurs, a télégraphié une invitation à sir Wilfrid Laurier l'invitant très cordialement à être ici ce soir. J'ai ici la réponse de sir Wilfrid dans laquelle il dit qu'il ne pourra pas être avec nous" (applaudissements renouvelés). Le président lève de nouveau la main pour demander le silence et continue, ramassant les papiers les uns après les autres. "Le ministre des Finances regrette de ne pouvoir venir" (applaudissements). "M. Rodolphe Lemieux (applaudissements) ne sera pas là (grands applaudissements)—le maire de Toronto (applaudissements) est détenu pour affaires (applaudissements nourris)—l'évêque anglican du diocèse (applaudissements)—le directeur du Collège universitaire, Toronto (beaucoup d'applaudissements) – le ministre de l'Éducation (applaudissements) – rien de tout cela ne vient. » Il y a un grand battement de mains et un grand enthousiasme, après quoi la réunion est ouverte avec le sentiment très distinct et palpable qu'il s'agit de l'un des auditoires les plus distingués jamais réunis dans la salle.

Voici une autre expérience de la même période alors que je poursuivais le même objectif exalté : je suis arrivé dans une petite ville de l'est de l'Ontario et j'ai découvert avec horreur qu'on m'imposait de « paraître » dans une église. J'étais censé donner des lectures de mes œuvres et mes livres sont censés avoir un caractère humoristique. Une église ne me semblait pas le bon endroit pour plaisanter. J'ai expliqué ma difficulté au pasteur de l'église, un homme à l'air très solennel. Il hocha la tête lentement et gravement, tout en comprenant mon problème. "Je vois", dit-il, "je vois, mais je pense que je peux vous présenter à notre peuple de manière à remédier à cette situation."

Le moment venu, il m'a conduit jusqu'à la plate-forme de la chaire de l'église, juste à côté et en dessous de la chaire elle-même, avec un pupitre de lecture, une grande Bible et une lumière tamisée à côté. C'était une grande église, et le public, assis dans la pénombre, comme c'est l'habitude lors d'un sermon, s'éloigna dans l'obscurité. L'endroit était plein à craquer et absolument calme. Puis le président parla :

"Chers amis," dit-il, "je veux que vous compreniez que vous n'aurez aucun mal à rire ce soir. Laissez-moi vous entendre rire de bon cœur, rire de bon cœur, autant que vous le voudrez, parce que" (et ici son (la voix prit le ton grave et sépulcral du prédicateur), - "quand nous pensons au noble objet pour lequel le professeur apparaît ce soir, nous pouvons être assurés que le Seigneur pardonnera à quiconque se moquera du professeur."

Je regrette cependant de devoir dire qu'aucun des participants, même avec l'absolution plénière préalable, n'était enclin à prendre un risque.

Je me souviens à ce propos du président d'une réunion dans une certaine ville du Vermont. Il représente le type de président qui arrive si tard à la réunion que le comité n'a pas le temps de lui expliquer correctement le sujet de la réunion ni qui est l'orateur. J'ai remarqué à cette occasion qu'il m'a présenté très prudemment par mon nom (à partir d'une petite carte) et qu'il n'a rien dit sur les Belges, ni sur le fait que j'étais (censé être) un humoriste. Cette dernière était une grande erreur. L'auditoire, faute de conseils, est resté très silencieux et convenable, et s'est bien comporté pendant mon discours. Puis, d'une manière ou d'une autre, à la fin, pendant que quelqu'un proposait un vote de remerciement, le président découvrit son erreur. Alors il a essayé de le rendre bon. Au moment où le public se levait pour s'habiller, il se leva, frappa à son bureau et dit :

" Un instant, s'il vous plaît, mesdames et messieurs, un instant. Je viens d'apprendre — j'aurais dû le savoir plus tôt, mais je suis arrivé en retard à cette réunion — que l'orateur qui vient de s'adresser à vous l'a fait en au nom du Belgian Relief Fund, je comprends qu'il est un humoriste canadien bien connu (ha! ha!) et je suis sûr que nous avons tous été extrêmement amusés (ha! ha!) Il donne ses charmantes conférences (ha). ! ha!) - même si je ne le savais pas jusqu'à présent - pour le Fonds belge de secours, et il offre ses services pour rien, je suis sûr que lorsque nous nous en rendrons compte, nous sentirons tous que cela en valait la peine. Je suis seulement désolé que nous n'ayons pas eu une meilleure participation ce soir. Mais je peux assurer à l'orateur que s'il revient, nous lui garantirons une audience complète. " S'il y a des membres de cette association qui n'ont pas payé leur dollar cette saison, ils peuvent le donner soit à moi-même, soit à M. Sibley lorsqu'ils s'évanouissent. "

Avec l'expérience accumulée que j'avais derrière moi, je me suis naturellement intéressé lors de ma conférence en Angleterre aux présidents qui devaient me présenter. Je ne peux m'empêcher de penser que j'ai acquis un bon goût en matière d'hommes de chaise. Je les connais comme d'autres experts connaissent les vieux meubles et les chiens pékinois. Le président plein d'esprit, le président prosaïque, le président solennel, je les connais tous. Dès que je serre la main du président dans la salle du comité, je peux savoir exactement comment il va agir.

Il est certains types de présidents qui ont été si souvent décrits et sont si familiers qu'il ne vaut pas la peine de s'y attarder. Tout le monde connaît le président qui dit : "Maintenant, mesdames et messieurs, vous n'êtes pas venus ici pour m'écouter. Je serai donc très bref ; en fait, je limiterai mes remarques à seulement une ou deux très brèves observations." Il procède ensuite à des observations pendant vingt-cinq minutes. A la fin, il remarque avec une charmante simplicité : "Maintenant, je sais que vous êtes tous impatients d'entendre le conférencier..."

Et tout le monde connaît le président qui vient à la réunion avec une connaissance très imparfaite de qui est le conférencier et est amené à le présenter en disant :

"Notre conférencier du soir est largement reconnu comme l'une des plus grandes autorités en la matière dans le monde d'aujourd'hui. Il nous vient de très loin et je peux l'assurer que c'est une grande plaisir à cette audience d'accueillir un homme qui a tant fait pour,—pour,—pour faire avancer les intérêts de—de tout comme il l'a fait.

Mais cet homme, aussi mauvais qu'il soit, n'est pas aussi mauvais que le président dont les préparatifs pour présenter l'orateur ont manifestement été faits à la onzième heure. C'est exactement ce genre de président que j'ai eu le destin de trouver, sous la forme d'un échevin local, bâti comme un bœuf, dans l'un de ces petits lieux industriels du nord de l'Angleterre où l'on élève des hommes de ce type et les élis.

"Je n'ai jamais vu le conférencier auparavant", a-t-il déclaré, "mais j'ai lu son livre". (J'ai écrit dix-neuf livres.) "Le comité a eu la gentillesse de m'envoyer son livre hier soir. Je n'ai pas tout lu mais j'ai jeté un œil à la préface et je peux l'assurer qu'il est le bienvenu. Je Je comprends qu'il vient d'une université...." Puis il s'est tourné directement vers moi et m'a dit d'une voix forte : "Comment s'appelait cette université là-bas d'où tu disais venir ?"

"McGill", répondis-je tout aussi fort.

"Il vient de McGill", a lancé le président. "Je n'ai jamais entendu parler de McGill moi-même, mais je peux lui assurer qu'il est le bienvenu. Il va nous donner une conférence sur... de quoi avez-vous dit que cela devait parler ?"

"C'est une conférence humoristique", dis-je.

"Oui, c'est pour être une conférence humoristique, mesdames et messieurs, et j'oserais dire que ce sera un régal rare. Je suis seulement désolé de ne pas pouvoir rester moi-même car je dois retourner au Hôtel de ville pour une réunion. Alors, sans plus attendre, je descends de l'estrade et je laisse le conférencier continuer son humour.

Un type de président encore plus terrible est celui dont l'esprit est manifestement préoccupé et perturbé par quelque événement local et qui arrive à l'estrade avec un visage empreint de détresse. Avant de présenter le conférencier, il évoque sur un ton émouvant la tristesse locale, quelle qu'elle soit. En prélude à une conférence humoristique, ce n'est pas gay.

Un tel président m'est arrivé un soir devant une audience sombre dans une banlieue de Londres. "En regardant autour de cette salle ce soir", commença-t-il dans un gémissement lugubre, "je vois de nombreux sièges vides." Ici, il étouffa un sanglot. "Je ne suis pas non plus surpris qu'un grand nombre de nos gens préfèrent ce soir rester tranquillement à la maison..."

Je n'avais aucune idée de ce qu'il voulait dire. J'ai simplement compris qu'un chagrin particulier avait dû submerger la ville ce jour-là.

"Pour beaucoup, il peut sembler peu approprié qu'après la perte que notre ville a subie, nous venions ici pour écouter une conférence humoristique,...", "Qu'est-ce qu'il y a ?" J'ai chuchoté à un citoyen assis à côté de moi sur l'estrade.

"Notre résident le plus âgé", murmura-t-il en retour, "il est mort ce matin".

"Quel âge?"

« Quatre-vingt-quatorze », murmura-t-il.

Cependant le président, avec de profonds sanglots dans la voix, continuait :

"Nous avons débattu au sein de notre commission pour savoir si nous devions ou non avoir cette conférence. S'il s'agissait d'une conférence d'un autre caractère, notre situation aurait été moins difficile,..." À ce moment-là, j'ai commencé à me sentir comme un criminel. "Le cas aurait été différent si la conférence avait contenu des informations, ou si elle avait été inspirée par un objectif sérieux, ou si elle aurait pu être d'une quelconque utilité. Mais ce n'est pas le cas. Nous comprenons que cette conférence que M. Leacock a déjà donné, je crois, vingt ou trente fois en Angleterre...

Ici, il se tourna vers moi avec un air de légère réprobation tandis que l'auditoire silencieux, profondément ému, me regardait tous comme un homme qui parcourait le pays insultant la mémoire des morts en donnant trente fois une conférence.

"Nous comprenons, même si nous aurons bientôt l'occasion de le vérifier par nous-mêmes, que la conférence de M. Leacock n'est pas d'un caractère qui n'a pas, pour ainsi dire, le genre de valeur, en bref, n'est pas une conférence de cette classe."

Ici, il s'arrêta et réprima un sanglot.

« Si notre pauvre ami nous avait été épargné pendant encore six ans, il aurait arrondi le siècle. D'autre part, il n'était plus ce qu'il avait été. Le mois dernier, il a commencé à s'affaisser. La semaine dernière, il a commencé à couler. Ce matin, il est parti, et nous l'espérons, en toute sécurité. il n'y a pas de cours."

Le public était maintenant au bord des larmes.

Le président a fait un effort visible de fermeté et de contrôle.

"Mais pourtant", a-t-il poursuivi, "notre comité a estimé que, dans un autre sens, il était de notre devoir de poursuivre nos arrangements. Je pense, mesdames et messieurs, que la guerre nous a tous appris qu'il est toujours de notre devoir de " mener à bien nos actions ". ", peu importe combien cela peut être difficile, peu importe avec quelle réticence nous le faisons, et quels que soient les difficultés et les dangers, nous devons aller jusqu'au bout : car après tout il y a une fin et par la résolution et la patience nous peut l'atteindre.

"J'inviterai donc M. Leacock à nous livrer sa conférence humoristique dont j'ai oublié le titre, mais je comprends que c'est la même conférence qu'il a déjà donnée trente ou quarante fois en Angleterre."

Mais contrastez avec cet homme mélancolique, la personne sympathique et agréable qui m'a présenté, tout à l'envers, au public métropolitain.

Il était si vif, si soigné, si sûr de lui qu'il ne semblait pas possible qu'il puisse commettre la moindre erreur. J'ai pensé qu'il n'était pas nécessaire de le coacher. Il avait l'air absolument bien.

« C'est un grand plaisir, » dit-il avec une apparence charmante et facile d'être tout à fait à l'aise sur l'estrade, « d'accueillir ici ce soir notre distingué concitoyen canadien, M. Learoyd. » Il se tourna à mi-chemin vers moi. » il parlait avec une sorte de geste de bienvenue admirablement exécuté. Si seulement mon nom avait été Learoyd au lieu de Leacock, cela aurait été excellent.

"Nous sommes nombreux," poursuivit-il, "à attendre l'arrivée de M. Learoyd avec les attentes les plus agréables. D'après ses livres, il nous semblait déjà le connaître comme un vieil ami. En fait, je pense que je n'exagère pas lorsque je raconte M. Learoyd que son nom dans notre ville est depuis longtemps un mot familier. J'ai un très, très grand plaisir, mesdames et messieurs, de vous présenter M. Learoyd.

Autant que je sache, ce président n'a jamais su son erreur. À la fin de ma conférence, il a déclaré qu'il était sûr que l'auditoire « était profondément redevable à M. Learoyd », puis, avec quelques mots d'excuses rapides et cordiales, il s'est dirigé, comme un colibri, vers d'autres occupations. Mais je lui ai largement pardonné : tout pour la gentillesse et la gentillesse ; cela rend toute la vie douce. Si ce président vient un jour dans ma ville natale, il est par la présente invité à déjeuner ou à dîner avec moi, en tant que M. Learoyd ou sous le nom de son choix.

Après tout, un tel homme contraste fortement avec le genre de président qui n'a aucun sens naturel de la cordialité qui devrait accompagner ses fonctions. Il y a, par exemple, un type d'homme qui pense que la manière appropriée de présenter un conférencier est de dire quelques mots sur les finances de la société à laquelle il doit donner une conférence (contre de l'argent) et sur la difficulté d'amener les membres à y participer. venez écouter des conférences.

Tout le monde a entendu un tel discours une douzaine de fois. Mais c'est le conférencier rémunéré assis sur la plateforme qui l'apprécie le plus. Cela fonctionne comme ceci :

"Maintenant, mesdames et messieurs, avant d'inviter le conférencier du soir à s'adresser à nous, j'aimerais dire quelques mots. Il y a un bon nombre de membres qui sont en retard dans le paiement de leurs cotisations. Je suis conscient qu'il s'agit de les temps sont durs et il est difficile de collecter de l'argent, mais en même temps les membres doivent se rappeler que les dépenses de la société sont très lourdes. Les honoraires demandés par les conférenciers, comme vous le savez, ont considérablement augmenté. ces dernières années. En fait, je peux dire qu'ils deviennent presque prohibitifs.

Ce discours est une audition agréable pour le conférencier. Il voit les membres qui n'ont pas encore payé leur cotisation annuelle le regarder avec haine. Le président poursuit :

"Notre comité des finances craignait au début que nous ne puissions pas nous permettre d'amener M. Leacock dans notre société. Mais heureusement, grâce à la générosité personnelle de deux de nos membres qui ont souscrit dix livres chacun de leur propre poche, nous sommes en mesure de réunir les fonds nécessaires. somme."

(Applaudissements : pendant lequel le conférencier est assis, regardant et ressentant comme l'incarnation de la "somme requise".)

"Maintenant, mesdames et messieurs", poursuit le président, "ce que je pense, c'est que lorsque nous avons des membres dans la société qui sont prêts à faire ce sacrifice, - parce que c'est un sacrifice, mesdames et messieurs, - nous devons les soutenir. de toutes les manières. Les membres devraient penser qu'il est de leur devoir d'assister aux conférences. Je sais que ce n'est pas une chose facile à faire par une nuit froide comme ce soir, c'est dur, je l'avoue. sortir du confort de son propre coin du feu et venir écouter une conférence. Mais je pense que les membres devraient considérer cela non pas comme une question de confort personnel mais comme une question de devoir envers cette société que nous avons réussi à conserver. cette société existe depuis quinze ans et, même si je ne le dis pas dans un esprit de vantardise, cela n'a pas été une chose facile à faire, cela a demandé beaucoup de travail assez dur de la part du comité. messieurs, je suppose que vous n'êtes pas venus ici pour m'écouter et peut-être en ai-je assez parlé de nos difficultés et de nos problèmes. Alors, sans plus tarder (c'est toujours une expression préférée des présidents), j'inviterai M. Leacock à prendre la parole. société; oh, juste un mot avant de m'asseoir. Tous ceux qui partiront avant la fin de la conférence auront-ils la gentillesse de sortir par la porte latérale et de faire un pas aussi discret que possible ? M. Leacock."

Quiconque donne des conférences sait que cette introduction est bien pire que de s'appeler M. Learoyd.

Lorsqu'un conférencier se rend en Angleterre depuis ce côté-ci de l'eau, il y a naturellement une tendance de la part du président à jouer sur ce fait. Cela est particulièrement vrai dans le cas d'un Canadien comme moi. Le président estime que le moment est propice à l'une de ces grandes pensées impériales qui unissent l'Empire britannique. Mais parfois, l'expression de la pensée ne parvient pas à atteindre toute la splendeur de la conception.

En témoigne cette introduction (mot pour mot) qui a été utilisée contre moi par un président de bureau dans un endroit calme du sud de l'Angleterre :

« Il n'y a pas si longtemps, mesdames et messieurs, » dit le vicaire, « nous envoyions au Canada diverses classes de notre communauté pour aider à construire ce pays. Nous envoyions nos ouvriers, nous envoyions nos érudits et nos professeurs. nous avons même envoyé nos criminels. Et maintenant, d'un geste de la main vers moi, ils reviennent.

Il n'y a pas eu de rire. Un public anglais n'est rien sinon littéral ; et ils sont aussi polis que littéraux. Ils ont compris que j'étais un criminel réformé et, à ce titre, ils m'ont chaleureusement applaudi.

Mais il y a juste une chose que je voudrais raconter ici en faveur du président et en remerciement pour son aide. Même dans le pire des cas, il vaut bien mieux que de ne pas avoir de président du tout. En Angleterre, un grand nombre de sociétés et d'organismes publics ont adopté le plan de « supprimer le président ». Las de ses défauts, ils ont oublié les raisons de son existence et ont entrepris de se passer de lui.

Le résultat est épouvantable. Le conférencier monte sur la plateforme seul et non accompagné. Il y a une faible vague d'applaudissements ; il fait sa misérable révérence et explique avec autant d'enthousiasme qu'il peut qui il est. L'atmosphère de la chose est si froide qu'une expédition dans l'Arctique n'est pas de mise. J'ai également constaté une autre difficulté : en l'absence du président, très souvent, l'auditoire, ou une grande partie de celui-ci, ne sait pas qui est le conférencier. À plusieurs reprises, j'ai reçu en apparaissant une salve d'applaudissements sauvages sous l'impression que j'étais quelqu'un d'autre. On m'a ainsi confondu avec M. Briand, alors Premier ministre français, avec Charlie Chaplin, avec Mme Asquith, mais arrêtez, je pourrais me lancer dans une action en diffamation. Tout ce que je veux dire, c'est que sans président, "nous, les célébrités", sommes terriblement mélangés.

Je pourrai toujours revenir avec satisfaction sur une expérience de ma tournée en tant que conférencier. J'ai failli avoir le plaisir de tuer un homme en riant : et cela au sens le plus littéral du terme. Les professeurs américains en ont souvent rêvé. J'ai failli le faire. L'homme en question était un homme confortable, à l'air apoplectique, avec le genre de visage joyeux et rubiconde que l'on voit dans les pays où il n'y a pas de prohibition. Il était assis au fond de la salle et riait aux éclats. Tout d'un coup, j'ai réalisé que quelque chose se passait. L'homme s'était effondré de côté sur le sol ; un petit groupe d'hommes se rassemblait autour de lui ; ils le soulevèrent et je les vis l'emporter, masse silencieuse et inerte. Comme par devoir, j'ai continué ma conférence. Mais mon cœur battait fort de satisfaction. J'étais sûr de l'avoir tué. Le lecteur peut juger à quel point ces espoirs ont grandi lorsqu'un instant ou deux plus tard, une note a été remise au président qui m'a alors demandé de faire une pause un instant dans ma conférence et s'est levé et a demandé : « Y a-t-il un médecin dans l'auditoire ? Un médecin se leva et sortit silencieusement. La conférence s'est poursuivie ; mais il n'y avait plus de rire ; mon objectif était maintenant d'en tuer un autre et ils le savaient. Ils étaient conscients que s'ils commençaient à rire, ils risquaient de mourir. Quelques minutes plus tard, une seconde note fut remise au président. Il annonça très gravement : « On recherche un deuxième médecin. La conférence s'est déroulée dans un silence plus profond que jamais. Tout le public attendait une troisième annonce. Il est venu. Un nouveau message a été remis au président. Il se leva et dit : « Si M. Murchison, l'entrepreneur de pompes funèbres, est dans l'assistance, aura-t-il la gentillesse de sortir. »

Cet homme, j'ai le regret de le dire, s'est rétabli.

Même si cette lecture est décevante, il s'est rétabli. J'ai renvoyé le lendemain matin de Londres un télégramme d'enquête (je l'ai fait en réalité afin d'avoir une preuve appropriée de sa mort) et j'ai reçu la réponse : « Le patient se porte bien ; il est assis dans son lit et lit la Relativité de Lord Haldane ; non. risque de rechute. »

X.
Les Anglais ont-ils le sens de l'humour ?

Il était entendu que le but principal de mon voyage en Angleterre était de découvrir si le peuple britannique avait le sens de l'humour. Sans doute la Société de Géographie avait-elle en tête cette enquête en ne payant pas mes frais. Certes, à mon retour, j'ai été immédiatement assailli par la question de tous côtés : « Ont-ils le sens de l'humour ? Même si ce n'est qu'un sens rudimentaire, l'ont-ils compris ou non ? Je propose donc de m'attaquer à la réponse à cette question.

Un intérêt particulier s'attache toujours à l'humour. Il n'y a aucune qualité de l'esprit humain à laquelle son possesseur soit plus sensible que le sens de l'humour. Un homme avouera volontiers qu'il n'a ni l'oreille musicale, ni le goût pour la fiction, ni même aucun intérêt pour la religion. Mais je n'ai pas encore vu l'homme qui annonce qu'il n'a aucun sens de l'humour. En fait, tout homme est enclin à se croire doté d'un don exceptionnel dans ce sens, et que même si son humour ne s'exprime pas dans le pouvoir ni de plaisanter ni d'en rire, il n'en consiste pas moins. dans une vision particulière ou une lumière intérieure supérieure à celle des autres.

La même chose est vraie pour les nations. Chacun considère son propre humour comme étant d'un genre tout à fait supérieur et soit refuse d'admettre, soit admet à contrecœur, la qualité humoristique des autres peuples. L'Anglais peut attribuer au Français une certaine légère effervescence d'esprit qu'il n'imite ni n'envie ; le Français peut reconnaître que la littérature anglaise montre ici et là une sorte de lourdeur ludique ; mais aucun d'eux ne considérerait que l'humeur de l'autre nation puisse résister un instant à la comparaison avec la sienne.

Et pourtant, curieusement, l'humour américain constitue une exception flagrante à cette règle générale. Une certaine vogue s'y accroche. Depuis l'époque spacieuse d'Artemus Ward et de Mark Twain, il jouit d'une réputation extraordinaire, et ce non seulement sur notre propre continent, mais aussi en Angleterre. Ce sont en un sens les Anglais qui ont « découvert » Mark Twain ; Je veux dire que ce sont eux qui, les premiers, ont clairement reconnu en lui un homme de lettres de premier ordre, à une époque où les universitaires de Boston essayaient encore de le présenter comme un simple homme comique de l'Occident. De la même manière, Artemus Ward est toujours gardé dans un souvenir affectueux à Londres et, de la génération suivante, M. Dooley est au moins un mot familier.

C'est tellement vrai qu'une sorte de légende s'est développée autour de l'humour américain. Il est présumé être un article de qualité supérieure et jouir du même genre de prééminence que la cuisine française, le ballet russe et l'orgue italien. A cela s'ajoute l'hypothèse inverse selon laquelle le peuple britannique est inférieur en matière d'humour, qu'une plaisanterie ne lui parvient que très difficilement et que le public britannique écoute l'humour dans un silence sombre et inintelligent. Les gens aiment encore répéter la célèbre histoire de la façon dont John Bright a écouté attentivement la conférence d'Artemus Ward à Londres et a ensuite déclaré gravement qu'il « doutait de nombreuses déclarations du jeune homme » ; et les lecteurs se souviennent encore de la célèbre parodie de Mark Twain de la discussion de son livre par un critique à la tête de bois d'une revue anglaise.

Mais la légende n'est en réalité qu'une légende. Si les Anglais sont inférieurs aux Américains en humour, pour ma part, je ne vois pas où cela entre en jeu. S'il y a quelque chose sur notre continent supérieur en humour à Punch, j'aimerais le voir. Si nous avons parmi nous des écrivains plus humoristiques que EV Lucas, Charles Graves et Owen Seaman, j'aimerais lire ce qu'ils écrivent ; et s'il existe un public capable de plus de rire et d'appréciation plus généreuse que celui de Londres, de Bristol ou d'Aberdeen, j'aimerais lui donner une conférence.

Au cours de mon voyage de découverte en Grande-Bretagne, j'ai eu des occasions très exceptionnelles de vérifier la vérité de ces comparaisons. J'ai eu la chance d'apparaître comme un humoriste avoué dans toutes les grandes villes britanniques. J'ai donné des conférences aussi loin au nord qu'Aberdeen et au sud jusqu'à Brighton et Bournemouth ; J'ai voyagé vers l'est jusqu'à Ipswich et vers l'ouest jusqu'au Pays de Galles. J'ai parlé de sujets sérieux, mais avec une ou deux plaisanteries sur place, dans les universités, lors de réunions d'affaires et lors de dîners à Londres ; J'observais, perdu dans l'admiration, la gaieté inspirée des Sauvages d'Adelphi Terrace, et dans mes moments de loisir j'observais, d'un œil scientifique, les gaiestés des revues londoniennes. C'est pourquoi je dis avec conviction que, dans l'ensemble, les deux communautés sont au même niveau. Un public de Harvard, comme j'ai des raisons de le reconnaître avec gratitude, est merveilleux. Mais un public d'Oxford est tout aussi bon. Un rassemblement d'hommes d'affaires dans une ville textile des Midlands est tout aussi lourd qu'un rassemblement d'hommes d'affaires à Decatur, dans l'Indiana, mais pas plus ; et un public d'écoliers anglais comme à Rugby ou à Clifton est capable d'une gaieté sauvage et soutenue qui n'est pas en reste d'Halifax à Los Angeles.

Il existe cependant une différence vitale entre le public américain et le public anglais, qui serait de nature à décourager d'emblée tout conférencier américain qui souhaiterait se rendre en Angleterre. Le public anglais, de par la manière dont il a été réuni, attend davantage. En Angleterre, on associe encore les cours magistraux à l'information. Nous ne le faisons pas. Nos auditoires américains de conférences sont, dans neuf cas sur dix, organisés par une sorte de club de femmes et issus non pas de la classe ouvrière, mais de - comment dirons-nous cela ? - de la classe qui n'est pas obligée de travailler, ou , en tout cas, pas trop dur. Il s'agit en grande partie d'un public social, bien éduqué sans être « intellectuel », tolérant et bienveillant dans une certaine mesure. En fait, ce que les gens veulent avant tout, c'est voir le conférencier. Ils ont tout entendu sur GK Chesterton, Hugh Walpole et John Drinkwater. Ainsi, lorsque ces messieurs viennent en ville, le club des femmes veut les voir, tout comme les Anglais, tous fous d'animaux, se ruent au zoo. regarder une nouvelle girafe. Ils ne s'attendent pas à ce que la girafe fasse quelque chose de particulier. Ils veulent le voir, c'est tout. Il en va de même pour le public des clubs de femmes américaines. Après avoir vu M. Chesterton, ils se demandent en sortant, comme par hasard : « Avez-vous compris sa conférence ? et la réponse est : "Je ne peux pas dire que je l'ai fait." Mais il n'y a aucune méchanceté là-dedans. Ils peuvent maintenant aller dire qu'ils ont vu M. Chesterton ; cela vaut deux dollars en soi. Ce qui se rapproche le plus de cette attitude d'esprit dont j'ai entendu parler en Angleterre, c'était au City Temple de Londres, où se réunissent chaque semaine un immense rassemblement d'environ deux mille personnes pour écouter une (soi-disant) conférence populaire. Quand j'étais là-bas, on m'a dit que la personne qui m'avait précédé était Lord Haldane, qui avait donné une conférence sur la théorie de la relativité d'Einstein. J'ai dit au président : « Ce genre de public ne pourrait sûrement pas comprendre une conférence comme celle-là ! Il secoua la tête. "Non," dit-il, "ils ne l'ont pas compris, mais ils ont tous apprécié."

Je ne veux pas insinuer par ce que j'ai dit plus haut que le public américain n'apprécie pas les bonnes choses ou que les conférenciers anglais qui viennent sur ce continent sont tous des girafes. Au contraire : lorsque le public découvre que Chesterton, Walpole et Drinkwater, en plus d'être visibles, sont aussi des conférenciers singulièrement intéressants, il n'en est que plus content. Mais cela ne change rien au fait qu'ils sont venus avant tout voir le conférencier.

Ce n'est pas le cas en Angleterre. Ici, une conférence (en dehors de Londres) est organisée sur un pied beaucoup plus sévère. Les gens sont là pour s'informer. La conférence est organisée non pas par des femmes oisives, aimables et charmantes, mais par un organisme appelé, avec des variantes, la Société Philosophique. Par expérience, je devrais définir une société philosophique anglaise comme tous les gens de la ville qui ne connaissent rien à la philosophie. Les classes académiques et universitaires ne sont jamais là. Le public est composé uniquement de gens simples. Aux États-Unis et au Canada, lors de chaque conférence du soir, une grande partie du public est en tenue de soirée. Lors d'une conférence en anglais (en dehors de Londres), aucun d'entre eux ne l'est ; la philosophie ne doit pas être courtisée sous un tel costume. Il n'y a pas non plus les mêmes locaux spacieux, les mêmes lumières vives et la même atmosphère de gaieté que dans une conférence mondaine en Amérique. Au contraire, le décor est sombre. En Angleterre, en hiver, la nuit commence à quatre heures de l'après-midi. Dans les villes manufacturières des Midlands et du Nord (où prospèrent les sociétés philosophiques), il y a toujours une pluie battante et de la boue mouillée sous les pieds, une pauvreté déplorable dans les rues et une pénombre de lumières qui contraste avec l'éclat de la lumière dans les rues. une ville américaine. Il n'y a aucun signe visible dans la ville indiquant qu'une conférence aura lieu, pas de pancartes, pas de publicité, rien. Le conférencier est conduit par un président à travers une porte latérale dans un bâtiment sombre (l'Institut, fondé en 1840), puis tout d'un coup dans une salle immense et sombre où se trouve la Société philosophique. Ils sont un millier, mais ils restent aussi silencieux qu'une réunion de prière. Ils attendent d'être nourris d'informations.

Maintenant, je ne veux pas dire que la Société Philosophique n'est pas un bon public. À leur manière, ils vont bien. Une fois que la Société philosophique a décidé qu'une conférence est humoristique, elle ne se prive pas de rire. J'ai eu à maintes reprises la satisfaction de voir une société philosophique se détacher de ses amarres et se jeter dans un océan de rires, aussi généreuse et aussi sincère que tout ce que nous avons jamais vu en Amérique.

Mais ils ne sont pas très disposés à commencer. Chez nous, le président n'a qu'à dire aux membres gaiement habillés du Ladies' Quinzaine Club : « Eh bien, mesdames, je suis sûr que nous attendons tous avec impatience la conférence de M. Walpole », et immédiatement il y a une ondulation. d'applaudissements et une expression réactive sur cent visages charmants.

Ce n'est pas le cas de la Société philosophique des Midlands. Le président se lève. Il n'appelle pas au silence. Il est là, épais. "Nous avons avec nous ce soir", dit-il, "un homme dont le nom est bien connu de la Société philosophique" (ici il regarde sa carte), "M. Stephen Leacock". (Silence complet.) « Il est professeur d'économie politique à... » Ici, il se tourne vers moi et me dit : « De quelle université avez-vous parlé ? Je réponds de manière très audible dans le silence : « À McGill ». "Il est à McGill", dit le président. (Plus de silence.) "Je ne suppose cependant pas, mesdames et messieurs, qu'il soit venu ici pour parler d'économie politique." C'est une plaisanterie, mais le public le prend comme une menace. "Mais, mesdames et messieurs, vous n'êtes pas venus ici pour m'écouter" (cela suscite des applaudissements, le premier de la soirée), "donc sans plus attendre" (l'homme a toujours l'impression qu'il y a eu beaucoup de " ado", mais je n'en vois jamais rien) "Je vais maintenant vous présenter M. Leacock." (Silence complet.)

Rien de tout cela ne signifie le moindre mal. Cela implique seulement que la Société Philosophique est de vrais philosophes et qu'elle n'accepte rien de non prouvé. Ils ressemblent à l'homme du Missouri. Ils veulent être montrés. Et il faut donc sans doute un peu de temps pour les réveiller. Je me souviens avoir écouté avec beaucoup d'intérêt Sir Michael Sadler, qui est doté d'un esprit très soigné, me présenter à Leeds. Il lança trois plaisanteries, l'une après l'autre, au cœur d'un auditoire immense et silencieux, sans effet. Il aurait tout aussi bien pu lancer des bulles de savon. Mais la quatrième plaisanterie éclata comme une bombe au milieu de la Société Philosophique et la fit exploser en convulsions. Le processus ressemble beaucoup à ce que disent les artilleurs lorsqu'ils « mettent entre parenthèses » l'objet sur lequel ils ont tiré, puis atterrissent correctement dessus.

Dans ce que je viens d'écrire sur le public, j'ai utilisé à dessein le mot anglais et non britannique, car il ne s'applique pas du tout au écossais. Il n'y a, pour un conférencier humoristique, pas de meilleur public au monde que le public écossais. La vieille blague sur le sens de l'humour écossais n'a aucun sens. Pourtant on en trouve partout.

"Vous allez donc essayer d'amener l'humour jusqu'en Écosse", m'a dit l'auteur le plus éminent d'Angleterre. "Eh bien, que le Seigneur t'aide. Tu ferais mieux de prendre une hache avec toi pour leur ouvrir le crâne ; il n'y a pas d'autre moyen." Comment cette légende a commencé, je ne le sais pas, mais je pense que c'est parce que les Anglais sont jaloux du Scotch. Ils sont entrés dans l'Union avec eux en 1707 et ils ne peuvent pas en sortir. Les Écossais ne veulent pas du Home Rule, ni du Swa Raj, ni du statut de Dominion, ni quoi que ce soit ; ils veulent juste l'anglais. Quand ils veulent de l'argent, ils vont à Londres et en gagnent ; s'ils veulent une renommée littéraire, ils vendent leurs livres aux Anglais ; et pour prévenir toute sorte de troubles politiques, ils ont soin de garder le cabinet bien rempli d'Écossais. Les Anglais, par honte, ne peuvent pas sortir de l'Union, alors ils ripostent en disant que les Écossais n'ont aucun sens de l'humour. Mais il n'y a rien dedans. Il suffit de demander à n'importe quel professionnel du théâtre et il vous dira que le public de Glasgow et d'Edimbourg est le meilleur des îles britanniques : il possède le meilleur goût et la meilleure capacité à reconnaître ce qui est vraiment bon.

La raison en réside, je pense, dans le fait bien connu que les Écossais sont un peuple véritablement instruit, non pas dans le simple sens d'avoir été incités à aller à l'école, mais dans le sens plus élevé d'avoir acquis un intérêt pour les livres et le respect de l'apprentissage. En Angleterre, les classes supérieures possèdent seules cette faculté, la classe ouvrière dans son ensemble l'ignore. Mais en Ecosse, l'attitude est universelle. Et plus je réfléchis sur le sujet, plus je crois que ce qui compte le plus dans l'appréciation de l'humour n'est pas la nationalité, mais le degré d'éducation de l'individu concerné. Je ne pense pas qu'il y ait de doute sur le fait que les gens instruits possèdent une palette d'humour bien plus large que les gens sans instruction. Bien sûr, certaines personnes sont suréduquées et deviennent désespérément académiques. Le mot « intellectuel » a été inventé exactement pour correspondre à ce cas. Le sens de l'humour chez les intellectuels s'est atrophié ou, pour varier la métaphore, il est submergé ou enseveli sous les couches accumulées de son éducation, sur la surface desquelles fleurit une belle croissance de vanité. Mais même chez les intellectuels, l'appréciation instruite de l'humour est là, loin derrière. Généralement, si l'on tente d'amuser un intellectuel, il s'en voudra comme si le processus était indigne de lui ; ou peut-être que la jalousie intellectuelle et la susceptibilité dont il est toujours surchargé le conduiront à riposter avec une histoire inutile de Platon. Mais si l'intellectuel n'est pas sur ses gardes et n'a aucune jalousie en tête, vous le trouverez peut-être en train de rire aux éclats et d'essuyer ses lunettes, les côtés tremblants, et de le voir transformé comme par magie en un petit écolier joyeux et intelligent. qu'il était il y a trente ans, avant que son éducation ne le fige.

Mais avec les analphabètes et les rustiques, un tel processus n'est pas possible. Son sens de l'humour est peut-être là comme un sens, mais le mécanisme permettant de le mettre en œuvre est limité et rudimentaire. Seules les formes de plaisanterie les plus larges et les plus élémentaires peuvent l'atteindre. Le magnifique mécanisme de l'art des mots est pour lui, littéralement, un livre scellé. Ici et là, en effet, on trouve une forme de divertissement si élémentaire dans sa nature et pourtant si excellente dans son exécution qu'elle plaît à tous, à l'illettré et à l'intellectuel, au paysan et au professeur. Telles sont, par exemple, les pitreries de M. Charles Chaplin ou la représentation de M. Jiggs par le crayon de George McManus. Mais de tels cas sont rares. En règle générale, les divertissements bon marché qui font rire le rustique sont exécrables pour l'homme instruit.

À la lumière de ce que j'ai dit précédemment, il s'ensuit que les individus que l'on retrouve dans chaque public anglais ou américain sont à peu près les mêmes. Tous ceux qui donnent des conférences ou agissent sont bien conscients qu'il existe certains types de personnes que l'on peut toujours voir quelque part dans la salle. Certains d'entre eux appartiennent à la catégorie générale des personnes décourageantes. Ils écoutent dans un silence impassible. Aucune lumière d'intelligence ne brille jamais sur leurs visages ; aucune réponse ne vient de leurs yeux.

Je constate par exemple que partout où je vais, il y a toujours assis dans le public, à environ trois sièges du devant, un homme silencieux avec un grand visage immobile comme un melon. Il est toujours là. J'ai vu cet homme dans chaque ville, de Richmond, dans l'Indiana, à Bournemouth, dans le Hampshire. Il me hante. Je dois l'attendre. J'ai envie de lui faire un signe de tête depuis l'estrade. Et je trouve que tous les autres conférenciers ont la même expérience. Où qu'ils aillent, l'homme au grand visage est toujours là. Il ne rit jamais ; peu importe si les gens autour de lui éclatent de rire, il reste là comme un rocher – ou, non, comme un crapaud – immobile. Ce qu'il pense, je ne le sais pas. Pourquoi il vient aux conférences, je ne peux pas le deviner. Une fois et une seule fois, je lui ai parlé, ou plutôt il m'a parlé. Je sortais de la conférence et me retrouvai près de lui dans le couloir. La soirée avait été plutôt sombre ; le public n'avait presque pas ri ; et je ne connais rien de plus triste qu'une conférence humoristique sans rire. L'homme au grand visage, se trouvant à côté de moi, se tourna et dit : « Certains d'entre eux n'ont pas compris ça ce soir. Son ton de sympathie semblait impliquer qu'il avait tout compris lui-même ; si c'est le cas, il a dû l'avaler en entier sans laisser de signe. Mais j'ai depuis pensé que cet homme au grand visage pouvait avoir sa propre forme d'appréciation intérieure. Mais je sais une chose : le regarder depuis l'estrade est fatal. Un regard soutenu sur son grand visage immobile et le conférencier serait perdu ; l'inspiration mourrait sur les lèvres : le basilic n'est pas de son côté.

Personnellement, à peine aperçois-je l'homme au grand visage que d'instinct je détourne les yeux. Je cherche dans la salle un autre homme que je sais être toujours là, du type opposé, le petit homme à lunettes. Il est assis là, bonne âme, environ douze rangées en arrière, ses grandes lunettes rayonnant d'appréciation et son visage vif anticipant chaque point. Je l'imagine être de métier un petit journaliste ou lui-même une sorte d'écrivain, mais avec pas assez de succès pour l'avoir gâté.

Il y a toujours d'autres personnes là aussi. Il y a la vieille dame qui trouve la conférence inappropriée ; peu importe à quel point c'est moral, elle recherche les irrégularités et elle peut les trouver n'importe où. Ensuite, il y a un autre homme très terrible contre lequel tous les conférenciers américains en Angleterre devraient être mis en garde : l'homme qui part dans le train de 21 heures. Les chemins de fer anglais desservant les banlieues et les villes voisines ont un horaire expressément prévu pour que le train principal parte avant la fin de la conférence. D'où l'homme du train de 21 heures. Il s'assoit tout près du devant et, à neuf heures moins dix, il ramasse très délibérément son chapeau, son manteau et son parapluie, se lève avec un grand calme et s'éloigne d'un pas ferme. Son air est celui d'un homme qui a enduré tout ce qu'il pouvait et ne peut plus supporter. Jusqu'à ce qu'on connaisse cet homme et les autres qui se lèvent après lui, c'est très déconcertant ; au début, j'ai pensé que j'avais dû dire quelque chose pour réfléchir sur la famille royale. Mais bientôt le conférencier comprend qu'il ne s'agit que du train de neuf heures et que tout le public le sait. Alors tout va bien. C'est comme si les gens se levaient et s'étiraient après la septième manche du baseball.

Dans tout ce qui précède, j'ai souligné le fait que les sens de l'humour britannique et américain sont essentiellement la même chose. Mais il existe, bien sûr, des différences particulières de forme et des préférences particulières en matière de matériaux qui les font souvent sembler diverger considérablement.

J'entends par là que chaque communauté a, dans certaines limites, ses propres manières d'être drôles et sa propre conception particulière de la blague. Ainsi, un Écossais préfère une plaisanterie qu'il a pour lui tout seul ou qu'il partage à contrecœur avec quelques-uns ; la chose est trop riche pour être distribuée. L'Américain aime particulièrement comme réplique une anecdote dont le point est tout concentré à la fin et explose en une phrase. L'Anglais préfère pour plaisanter le récit de quelque chose qui s'est réellement produit et qui dépend, bien sûr ; pour son point de vue sur sa réalité.

Il existe également de nombreuses différences mineures au niveau de la simple forme, et tout naturellement chaque communauté trouve la forme particulière utilisée par les autres moins agréable que la sienne. En fait, c'est précisément pour cette raison que chaque peuple est enclin à considérer que son propre humour est le meilleur.

Ainsi, de notre côté de l'Atlantique, pour citer d'abord nos propres défauts, on s'accroche encore à l'humour supposé de la mauvaise orthographe. On s'est d'ailleurs dit mille fois que la mauvaise orthographe n'est pas drôle, mais très fatigante. Pourtant, à peine mis de côté et enterré, il ressuscite. Je suppose que la vraie raison est que c'est drôle, du moins à nos yeux. Lorsque Bill Nye épelle femme avec « yph », nous ne pouvons nous empêcher d'être amusés. Or, la mauvaise orthographe de Bill Nye n'avait absolument aucun intérêt, si ce n'est sa bizarrerie. C'était parfois extrêmement drôle, mais en tant que mode, cela conduisait facilement à une imitation généralisée et inutile. C'était le genre de chose – comme la poésie – que n'importe qui peut faire du mal. Il a été abandonné à juste titre avec exécration. Aucun éditeur américain ne l'imprimerait aujourd'hui. Mais soyez témoin du nouvel et excellent effet produit avec une mauvaise orthographe par M. Ring W. Lardner. Ici, cependant, le cas est différent ; ce n'est pas la fausseté de l'orthographe de M. Lardner qui en fait le côté amusant, mais sa vérité. Lorsqu'il écrit : « cher ami, Al, j'aurais aimé le faire plus tôt », etc., il est plus fidèle au son et à l'intonation réels qu'au lexique. Le mode est excellent. Mais les imitations la dégraderont bientôt et en feront une si mauvaise pièce qu'elle ne passera plus le courant. En Angleterre, cependant, l'humour de la mauvaise orthographe n'a pas et n'a jamais, je crois, prospéré. La mauvaise orthographe n'est utilisée en Angleterre que pour tenter de reproduire phonétiquement un dialecte ; il ne s'agit pas de trouver drôle l'orthographe elle-même, mais le dialecte qu'elle représente. Mais l'effet, dans l'ensemble, est fastidieux. Une petite dose de l'humour de la prononciation du Lancashire, du Somerset ou du Yorkshire peut suffire, mais une page entière ressemble au baragouin de chimpanzés couché sur papier.

En Amérique aussi, nous courons perpétuellement à l'humour (supposé) de l'argot, une forme non utilisée en Angleterre. Si nous devions analyser ce que nous entendons par argot, je pense que cela consisterait en l'introduction de nouvelles métaphores ou de nouvelles formes de langage à caractère métaphorique, tendues presque jusqu'au point de rupture. Parfois, nous le faisons avec un seul mot. Lorsqu'un génie découvre qu'un "chapeau" n'est en réalité qu'un "couvercle" posé sur un être humain, le mot "couvercle" se répand aussitôt sur le continent. De même, une femme devient une « jupe », et ainsi de suite à l'infini.

Ces mots disparaissent actuellement ou bien conservent une place permanente, n'étant plus de l'argot. Il ne fait aucun doute que la moitié de nos mots, sinon la totalité, étaient autrefois de l'argot. Même dans notre propre mémoire, nous pouvons voir l'ensemble du processus se dérouler ; « cinch » avait autrefois l'air drôle ; c'est désormais l'anglais américain standard. Mais d'autres argots sont constitués d'expressions descriptives. Au mieux, ces phrases d'argot sont – du moins nous le pensons – extrêmement drôles. Mais ils sont plus drôles lorsqu'ils sont nouvellement inventés, et il faut une main de maître pour bien les inventer. Pour un exemple suprême des caprices sauvages du langage utilisé pour l'humour, on pourrait prendre « Gentle Grafter » d'O. Henry. Mais ici l'imitation est aussi facile que fastidieuse. L'invention de phrases d'argot inutiles sans véritable suggestion ni mérite est l'une de nos formes les plus familières d'humour fabriqué en usine. Aujourd'hui, les Anglais ont tendance à se détourner de tout le domaine de l'argot. En premier lieu, cela les laisse perplexes : ils ne savent pas si chaque mot ou expression particulière est une sorte d'idiome déjà connu des Américains, ou quelque chose (comme dans le cas d'O. Henry) jamais prononcé auparavant et qui doit être analysé pour lui-même. Le résultat est que la grande masse des écrits en argot américain (génie mis à part) ne parvient pas au public anglais. J'ai même rencontré des Anglais au goût littéraire incontestable qui étaient rebutés par un maître comme O. Henry (aujourd'hui lu par des millions de personnes en Angleterre) parce qu'à première vue, ils ont l'impression que c'est « tout de l'argot américain ».

Un autre point sur lequel l'humour américain, ou du moins la forme qu'il prend, diffère notablement de l'humour britannique, concerne la narration. Ce fut une grande surprise pour moi la première fois que je suis allé à un dîner à Londres de découvrir que mon hôte n'avait pas ouvert le dîner en racontant une histoire amusante ; que les invités ne restaient pas silencieux en essayant de « penser à un autre » ; que quelqu'un n'a pas rompu le silence en disant : « J'en ai entendu une bonne l'autre jour », et ainsi de suite. Et j'ai réalisé qu'à cet égard la société anglaise est plus chanceuse que la nôtre.

Je suis sincèrement convaincu qu'aucun homme ne devrait être autorisé à raconter une histoire drôle ou une anecdote sans autorisation. Nous insistons à juste titre sur le fait que tout chauffeur de taxi doit avoir un permis, et le même principe devrait s'appliquer à quiconque se propose d'agir comme conteur. Raconter une histoire est une chose difficile, tout aussi difficile que conduire un taxi. Et les risques d'échec et d'accident et leurs conséquences malheureuses pour le public, s'ils ne sont pas exactement identiques, sont en tout cas analogues.

C'est un point de vue généralement peu apprécié. Un homme a tendance à penser que, simplement parce qu'il a entendu une bonne histoire, il est capable et en droit de la répéter. Autant entreprendre une danse du serpent simplement parce qu'il a vu Madame Pavlowa en faire une. L'intérêt d'une histoire réside généralement dans le récit, ou du moins en dépend dans une large mesure. Certaines histoires, il est vrai, dépendent tellement du point final, ou du « nœud », comme nous l'appelons, qu'elles sont presque infaillibles. Mais même ceux-ci peuvent être rendus si prolixes et fastidieux, peuvent être tellement gâchés par des détails non pertinents, que l'effet général est une lassitude totale soulagée par une sorte de choc à la fin. Permettez-moi d'illustrer ce que j'entends par une histoire avec un « nœud » ou un point. Je prendrai l'une des plus connues, pour ne pas prétendre à l'originalité, par exemple la fameuse anecdote de l'homme qui voulait être « rebuté à Buffalo ». C'est ici:

Un homme entra dans un wagon-lits et dit au porteur : « À quelle heure arrivons-nous à Buffalo ? Le portier répondit : « À trois heures et demie du matin, monsieur. "Très bien", dit l'homme; "Maintenant, je veux descendre à Buffalo, et je veux que tu voies que je descends. Je dors profondément et je suis difficile à réveiller. Mais tu me fais juste me réveiller, ne te soucie pas de ce que je dis, ne fais pas ça." Je ne fais pas attention si je m'en prends à ça, je me contente de me décourager, tu vois ? » "Très bien, monsieur", dit le portier. L'homme monta dans sa couchette et s'endormit profondément. Il ne se réveillait ni ne bougeait jusqu'à ce qu'il fasse grand jour et que le train se trouve à cent milles au-delà de Buffalo. Il appela avec colère le portier : « Voyez-vous, je ne vous ai pas dit de me renvoyer à Buffalo ? Le portier le regarda, consterné. "Eh bien, je le déclare à Dieu, patron !" il s'est excalmé; "Si ce n'était pas vous, qui était cet homme que j'ai fait tomber de ce train à trois heures et demie à Buffalo ?"

Cette histoire est aussi infaillible que possible. Et pourtant, il est étonnant de voir à quel point cela peut être gâché par une personne ayant un don spécial pour dénaturer une histoire. Il le fait de cette façon :

« Il y avait un type qui était monté dans le train une nuit et il avait une couchette réservée pour Buffalo ; du moins d'après ce que j'ai entendu, c'était Buffalo, même si j'imagine qu'en fait, on pourrait le dire dans n'importe quelle autre ville. aussi bien – ou non, je suppose qu'il n'avait pas sa couchette réservée, il est monté dans le train et a demandé au porteur une réservation pour Buffalo – ou, de toute façon, cela n'a pas d'importance – dire qu'il avait une couchette pour Buffalo ou n'importe quel autre endroit, et le portier est passé et a dit : "Voulez-vous un appel plus tôt ?"

Mais arrêtez. Le reste de l'histoire n'est plus qu'une attente douloureuse de la fin.

Bien entendu, le type supérieur d'histoire drôle est celui dont la qualité amusante dépend non pas du point final, ni pas seulement de celui-ci, mais de la formulation et de la narration d'un bout à l'autre. C'est la façon dont une histoire est racontée par un comédien ou une personne qui est un conteur au sens propre du terme. Lorsque Sir Harry Lauder raconte un incident, le récit est drôle du début à la fin. Lorsqu'une personne inférieure essaie de le répéter par la suite, il ne reste plus que le point final. Le reste n'est que lassitude.

En conséquence, la plupart des conteurs sont amenés à raconter des histoires qui dépendent du point ou du « nœud » et non de la narration. Le conteur les rassemble jusqu'à se doter d'une sorte de petit répertoire ludique par lequel il espère s'entourer de charme social. En Amérique surtout (j'entends ici les États-Unis et le Canada, mais pas le Mexique), nous souffrons de l'habitude de raconter des histoires. Pour autant que je puisse en juger, la société anglaise n'est pas autant envahie et endommagée par l'habitude de raconter des histoires que la société des États-Unis et du Canada. De notre côté de l'Atlantique, raconter des histoires lors des dîners et lors de toute autre occasion sociale est devenu une malédiction. Dans chaque phase de la vie sociale et intellectuelle, l'anecdote amusante nous hante. Quiconque a déjà assisté à un banquet canadien ou américain se souviendra de la manière solennelle avec laquelle le président se lève et dit : « Messieurs, c'est pour moi un très grand plaisir et un très grand honneur de présider ce dîner annuel. une fois ce vieux ténébreux... » et ainsi de suite. Lorsqu'il conclut, il dit : « Je vais maintenant demander au révérend Dr. Stooge, directeur de l'université provinciale de Haroe. English Any Sense of Humour ? avec une grande solennité commence : « Il y avait autrefois deux Irlandais... » et ainsi de suite jusqu'à la fin. Mais à Londres, en Angleterre, ce n'est apparemment pas le cas. J'ai eu, il n'y a pas longtemps, le plaisir de rencontrer à dîner un membre du Gouvernement. Je m'attendais parfaitement à ce qu'en tant que membre du gouvernement, on s'attende à ce qu'il raconte une histoire amusante sur un vieux noir, tout comme il le ferait de notre côté de l'eau. En fait, j'aurais dû supposer qu'il pouvait difficilement entrer dans le gouvernement à moins de raconter une histoire amusante. Mais pendant tout le dîner, le ministre du Cabinet n'a jamais dit un mot ni sur un ministre méthodiste, ni sur un voyageur de commerce, ni sur un vieux noir, ni sur deux Irlandais, ni sur aucun des personnages classiques du répertoire américain. Une autre fois, je dînai avec un évêque de l'Église. Je m'attendais à ce que, lorsque la soupe arriverait, il dise : « Il y avait un vieux noir... » Après quoi, j'aurais dû écouter avec une attention soutenue et, quand il aurait fini, sans aucune pause, répondre : « Il y avait quelques Les Irlandais autrefois... » et ainsi de suite. Mais l'évêque n'a jamais dit un mot de ce genre.

Je peux en outre, pour le bien de mes concitoyens du Canada et des États-Unis qui pourraient songer à aller en Angleterre, garantir les faits suivants : si vous rencontrez un directeur de la Banque d'Angleterre, il ne vous dit pas : « Je suis très heureux de vous rencontrer. Asseyez-vous. Il y avait une mule en Arkansas, " etc. Comment ils font leurs opérations bancaires sans cette mule, je ne sais pas. Mais ils y parviennent. Je puis certifier aussi que si vous rencontrez le propriétaire d'un grand journal, il ne commencera pas par dire : « Il était une fois un Écossais ». En effet, en Angleterre, on peut se mêler librement à la société en général sans être appelé ni à produire une histoire drôle ni à en souffrir.

Je ne veux pas nier que l'histoire drôle américaine, entre des mains compétentes, est incroyablement drôle et qu'elle égaie les rapports humains. Mais le vrai problème ne réside pas dans le plaisir de l'histoire, mais dans l'attente douloureuse du moment opportun et dans le silence tendu et anxieux qui lui succède. Chaque personne autour de la table essaie de « penser à l'autre ». Il y a une pause terrible. L'hôtesse fait une prière pour que quelqu'un puisse "penser à un autre". Puis enfin, au soulagement de tout le monde, quelqu'un dit : « J'ai entendu une histoire l'autre jour – je ne sais pas si vous l'avez entendue... » Et les cris de reconnaissance de « Non ! non ! allez-y » montrent à quel point la tension a été grande.

Neuf fois sur dix, les gens ont déjà entendu cette histoire ; et dix fois sur neuf le caissier l'endommage en racontant. Mais ses auditeurs lui sont reconnaissants de les avoir sauvés de l'épouvantable manteau de silence et d'introspection qui était tombé sur la table. Car le problème est que, une fois deux ou trois histoires racontées, il semble que ce soit un point d'honneur de ne pas se contenter d'une simple conversation. Il semble impoli, lorsqu'un conteur a enfin atteint la fin triomphale et le point culminant de la mule de l'Arkansas, il semble impoli de poursuivre en disant : « Je vois que l'Allemagne refuse de payer l'indemnité. Cela ne peut pas être fait. Ni la mule, ni l'indemnité, on ne peut avoir les deux.

Les Anglais, dis-je, n'ont pas développé la coutume américaine de l'histoire drôle comme forme de rapport social. Mais je ne veux pas dire qu'ils sont sans péché à cet égard. Selon moi, ils racontent dans la conversation générale quelque chose d'aussi mauvais sous la forme de ce que l'on pourrait appeler une anecdote littérale ou une expérience personnelle. J'entends par là l'habitude de raconter quelque petit événement stupide qui leur est réellement arrivé ou qui s'est produit sous leurs yeux, qu'ils désignent comme « terriblement drôle », et qui était peut-être très drôle quand il s'est produit mais qui n'est pas le moins drôle dans l'histoire. le récit. La drôle d'histoire américaine est imaginaire. Ce n'est jamais arrivé. Quelqu'un l'a probablement inventé une fois. C'est de la fiction. Il a donc dû y avoir autrefois quelque grand cerveau palpitant, quelque imagination rayonnante, qui a inventé l'histoire de l'homme qui a été repoussé à Buffalo. Mais l'histoire anglaise « incroyablement drôle » n'est pas imaginaire. C'est vraiment arrivé. C'est une véritable expérience personnelle. Bref, ce n'est pas de la fiction mais de l'histoire.

Je pense – si l'on peut le dire avec tout le respect – que dans la société anglaise, les filles et les femmes sont particulièrement enclines à raconter ces expériences personnelles comme une contribution à la gaieté générale plutôt que les hommes. La jeune Anglaise a une sorte d'idée traditionnelle d'être amusante ; l'Anglais s'en soucie moins. Il préfère toujours les faits aux fantaisies et, en règle générale, il est affranchi de ce désir de se poser en humoriste qui hante l'esprit américain. Il en résulte que la plupart des histoires « terriblement drôles » sont racontées dans la société anglaise par les femmes. Ainsi, la contrepartie de "put me off at Buffalo" en anglais serait quelque chose comme ceci : "Nous étions tellement amusés l'autre nuit dans le wagon-lits en direction de Buffalo. Il y avait le vieux nègre le plus amusant qui faisait les lits, un parfait crier, vous savez, et il n'arrêtait pas d'insister sur le fait que si nous voulions nous lever à Buffalo, nous devions tous nous coucher à neuf heures, il ne nous laisserait absolument pas nous asseoir - je veux dire que ça tuait sa façon de faire. voulait nous mettre au lit. Nous avons tous rugi ! »

Veuillez noter ce rugissement à la fin de l'anecdote personnelle anglaise. C'est le signe qui indique que l'histoire est terminée. Lorsque les narrateurs vous assurent que toutes les personnes présentes ont « rugi » ou « simplement rugi », alors vous pouvez être tout à fait sûr que l'incident humoristique est clos et que le rire est au rendez-vous.

En fait, la scène avec le sombre portier aurait pu être, lorsqu'elle s'est réellement produite, très amusante. Mais aucune trace n'en ressort dans l'histoire. Il n'y a rien d'autre que la simple affirmation que c'était « incroyablement drôle » ou « tout simplement tuant ». Mais les Anglais sont des gens si honnêtes que lorsqu'ils disent ce genre de choses, ils se croient et rient.

Mais après tout, pourquoi les gens devraient-ils insister pour raconter des histoires drôles ? Pourquoi ne pas se contenter d'acheter les œuvres d'un humoriste vraiment de premier ordre et de les lire à haute voix, avec une humilité d'esprit appropriée, sans chercher à les imiter ? Soit ça, soit je parle de théologie.

De mon côté de l'Atlantique, je m'émerveille souvent de notre extraordinaire tolérance et de notre courtoisie mutuelle en matière de narration. Je n'ai jamais vu un mauvais conteur expulsé de force de la pièce ou même arrêté et averti ; nous écoutons avec la plus merveilleuse patience les pires narrations. L'histoire est toujours sans intérêt hormis l'inconnue qui sera apportée plus tard. Mais en attendant, cela n'est pas plus intéressant que le petit déjeuner de demain. Pourtant, pour une raison ou une autre, nous permettons à cette habitude de raconter des histoires d'envahir et de nuire à l'ensemble de notre vie sociale. Les Anglais critiquent toujours cela et pensent avoir tout à fait raison. À mon avis, dans leur vie sociale, ils donnent à la « drôle d'histoire » sa place et sa place, et rien de plus. Autrement dit, si dix personnes rapprochent leur chaise de la table et que quelqu'un vient réellement d'entendre une histoire et veut la raconter, il n'y a aucune raison de s'y opposer. S'il dit : « Oh, au fait, j'ai entendu une bonne histoire aujourd'hui », c'est comme s'il disait : « Oh, au fait, j'ai entendu une nouvelle à propos de John Smith. C'est tout à fait admissible comme conversation. Mais il ne s'assoit pas pour essayer de réfléchir, avec neuf autres penseurs rivaux, à toutes les histoires qu'il a entendues, et cela fait toute la différence.

Les Écossais, d'ailleurs, nous ressemblent en ce qu'ils aiment raconter et entendre des histoires. Mais ils ont leur propre ligne. Ils aiment que les histoires soient sombres, traitant de manière ludique de la mort et des funérailles. L'histoire commence (le lecteur voudrait-il la transformer lui-même en prononciation écossaise) : "Il y avait un Sandy MacDonald qui était mort et sa femme avait le corps tout préparé pour l'enterrement et très bien habillée dans son plus beau costume", etc. Maintenant pour moi, ce début est suffisant. Pour moi, ce n'est pas une histoire, mais une tragédie. Je suis tellement désolé pour Mme MacDonald que je ne peux penser à rien d'autre. Mais je pense que l'explication est que les Écossais sont fondamentalement un peuple si pieux et vivent si étroitement dans l'ombre de la mort elle-même qu'ils peuvent, sans irrévérence ni douleur, plaisanter là où nos lèvres vacilleraient. Ou bien, peut-être qu'ils ne se soucient pas de savoir si Sandy MacDonald est mort ou non. Prenez-le de toute façon.

Mais j'en ai marre de parler de nos défauts. Permettez-moi de passer à la tâche plus agréable de discuter de celles des Anglais. En premier lieu, et sur une question mineure de forme, je pense que l'humour anglais souffre de la tolérance accordée au jeu de mots. Pour une raison quelconque, les Anglais trouvent les jeux de mots amusants. Nous ne le faisons pas. Ici et là, sans aucun doute, on peut faire un jeu de mots qui, pour une raison exceptionnelle, devient une question d'esprit véritable. Mais la grande masse des jeux de mots anglais qui défigurent la presse chaque semaine ne sont que de simples verbalismes inutiles qui, pour l'esprit américain, ne provoquent que lassitude.

Mais ce qui est encore pire que l'utilisation de jeux de mots est le pédantisme particulier, pour ne pas dire l'aplomb, qui hante l'expression de l'humour anglais. Se tromper dans une citation latine ou s'en tenir à une mauvaise terminaison d'un mot latin n'est pas vraiment amusant. Pour un ancien Romain, c'est peut-être le cas. Mais nous ne sommes pas d'anciens Romains ; en effet, j'imagine que si un ancien Romain pouvait être ressuscité, tout le latin que nos érudits classiques peuvent maîtriser serait à peu près équivalent au français d'un serveur cockney sur un bateau à vapeur de la Manche. Pourtant, on trouve même l'immortel Punch citant récemment comme une chose très amusante une citation erronée dans un journal de « urbis et orbis » au lieu de « urbi et orbos », ou l'inverse. J'oublie lequel. Il y avait peut-être un autre point que je n'avais pas vu, mais de toute façon, ce n'était pas drôle. Ce n'est pas non plus drôle si quelqu'un, au lieu de dire Archimède, dit Archimède ; pourquoi cela n'aurait-il pas dû être Archimée ? L'échelle de valeurs anglaise dans ces domaines est totalement fausse. Très peu d'Anglais peuvent prononcer correctement Chicago et ils n'y pensent pas du tout. Mais si quelqu'un prononce mal le nom d'un village grec de ce que O. Henry appelait « l'année avant JC », cela est censé être atrocement drôle.

Je pense en réalité que ce n'est qu'une partie de l'érudition excessive qui hante une grande partie de l'écriture anglaise – pas la meilleure, mais une grande partie. Il est trop plein d'allusions et de références indirectes à toutes sortes de faits étrangers. L'écrivain anglais a du mal à dire clairement une chose. Il est trop soucieux de montrer dans chaque phrase à quel point il est un bon érudit. Il porte dans son esprit un trésor accumulé de citations, d'allusions, de bribes et d'étiquettes d'histoire, et dans tout cela, comme Jack Horner, il doit « se mettre le pouce et en retirer une prune ». Au lieu de dire : « C'est une belle matinée », il préfère écrire : « C'est une journée dont on pourrait dire avec le mélancolique Jacques, c'est une belle matinée ».

C'est pourquoi de nombreux lecteurs américains ordinaires trouvent l'humour anglais « intellectuel ». Tout comme les Anglais ont tendance à trouver notre humour « argotique » et « bon marché », nous trouvons le leur académique et lourd. Mais la différence, après tout, est bien moindre qu'on pourrait le supposer. Il ne réside qu'en surface. Au fond, comme je l'ai dit en commençant, l'humour des deux peuples est de même nature et sur un pied d'égalité.

Il est une forme d'humour que les Anglais ont plus ou moins pour eux, et je ne la leur envie pas non plus. Je veux dire la gaieté qu'ils semblent capables de tirer des tribunaux criminels. Pour moi, un tribunal pénal est un lieu d'horreur et un procès pour meurtre est le dernier mot d'une tragédie humaine. Les tribunaux pénaux anglais, je ne les connais que par les journaux et je ne demande aucune connaissance plus proche. Mais selon les journaux, les tribunaux, surtout lorsqu'une affaire de meurtre est en cours, sont animés par des éclairs d'humour judiciaire et juridique qui semblent recueillir l'approbation générale. Les rapports actuels dans la presse sont les suivants :

"Le prisonnier, qui est jugé pour avoir brûlé vif sa femme dans un fourneau, a été placé sur le banc des accusés et s'est appelé Evans. A-t-il dit 'Evans ou Ovens ?' » a demandé le juge Blank. La cour a éclaté dans un rugissement auquel tous se sont joints sauf le prisonnier… » Ou prenez ceci : « Combien d'années avez-vous dit avoir purgé la dernière fois ? demanda le juge. "Trois", dit le prisonnier. "Eh bien, deux fois trois font six", dit le juge en riant à en trembler ; "donc je te donne six ans."

Je ne dis pas que ce sont là des exemples littéraux de l'humour du tribunal pénal. Mais ils en sont proches. Il est aussi facile pour un juge de plaisanter que pour un maître d'école de plaisanter dans sa classe. Son public mécontent n'a d'autre choix que de rire. Il ne fait aucun doute qu'en termes d'intelligence, les juges et les avocats anglais représentent le produit le plus hautement qualifié de l'Empire britannique. Mais lorsqu'il s'agit de s'amuser, ils ne devraient pas s'opposer au malheureux prisonnier.

Pourquoi ne pas prendre un homme de sa taille ? Pour un véritable amusement, M. Charles Chaplin ou M. Leslie Henson pourraient leur en donner soixante sur cent. Je pense même que je pourrais le faire moi-même.

On pourrait toutefois, avec la prudence voulue, tenter un jugement définitif. Je ne pense pas que, dans l'ensemble, les Anglais soient aussi friands d'humour que nous. Je veux dire qu'ils ne sont pas aussi disposés à accueillir à tout moment le point de vue humoristique que nous le sommes en Amérique. Les Anglais sont un peuple sérieux, avec beaucoup de choses sérieuses à penser : le football, les courses de chevaux, les chiens, la pêche, et bien d'autres préoccupations qui exigent une grande réflexion nationale : ils ont tellement de préoccupations nationales de ce genre qu'ils ont moins besoin de plaisanteries. que nous. Ils ont des sujets de conversation plus élevés, alors que de notre côté de l'eau, sauf lorsque se jouent les World's Series, nous avons peu, voire aucun, de sujets véritablement nationaux.

Et pourtant, je sais que beaucoup de gens en Angleterre renverseraient exactement ce dernier jugement et diraient que les Américains sont un peuple désespérément sérieux. Dans un sens, c'est vrai. Tout Américain qui adopte une idée telle que la Nouvelle Pensée, la Psychanalyse ou Manger de la Sciure de Bois, ou toute autre « élévation » du genre, devient désespérément déséquilibré dans son sérieux, et alors qu'un très grand nombre d'entre nous cultivent la Nouvelle Pensée ou pratiquent des exercices de respiration, ou manger de la sciure de bois, sans doute les visiteurs anglais nous trouvent-ils très désespérés.

Quoi qu'il en soit, c'est une mauvaise affaire de critiquer les défauts d'autrui. Ce que j'ai dit au début, c'est que les Britanniques sont tout aussi pleins d'humour que les Américains, ou les Canadiens, ou n'importe lequel d'entre nous de l'autre côté de l'Atlantique, et pour plus de certitude, je le répète à la fin.